DU MÊME AUTEUR

LE VENTRE DES PHILOSOPHES. CRITIQUE DE LA RAISON DIÉTÉTIQUE, Grasset, 1989

CYNISMES. PORTRAIT DU PHILOSOPHE EN CHIEN, Grasset, 1990

L'ART DE JOUIR. POUR UN MATÉRIALISME HÉDONISTE, Grasset, 1991

L'ŒIL NOMADE. LA PEINTURE DE JACQUES PASQUIER, Folle Avoine, 1993

LA SCULPTURE DE SOI. LA MORALE ESTHÉTIQUE, Grasset, 1993

ARS MORIENDI. CENT PETITS TABLEAUX SUR LES AVANTAGES ET LES INCONVÉNIENTS DE LA MORT, Folle Avoine, 1994

LA RAISON GOURMANDE. PHILOSOPHIE DU GOÛT, Grasset, 1995

MÉTAPHYSIQUE DES RUINES. LA PEINTURE DE MONSÙ DESIDERIO, Mollat, 1995

LE DÉSIR D'ÊTRE UN VOLCAN, Grasset, 1996

LES FORMES DU TEMPS. THÉORIE DU SAUTERNES, Mollat, 1996

POLITIQUE DU REBELLE. TRAITÉ DE RÉSISTANCE ET D'INSOUMISSION, Grasset, 1997

À CÔTÉ DU DÉSIR D'ÉTERNITÉ. FRAGMENTS D'ÉGYPTE, Mollat, 1998

LES VERTUS DE LA FOUDRE, Grasset, 1998

THÉORIE DU CORPS AMOUREUX. POUR UNE ÉROTIQUE SOLAIRE, Grasset, 2000

Suite des œuvres de Michel Onfray en fin de volume

LE CHEMIN DE LA GARENNE

MICHEL ONFRAY

LE CHEMIN DE LA GARENNE

nrf

GALLIMARD

1

Aucun chemin ne mène nulle part, car ni les animaux ni les hommes qui les font ne seraient assez sots pour les vouloir s'ils ne conduisaient à aucun endroit. Tout chemin a pour justification le lieu vers lequel il se rend. Et quiconque, comme Heidegger, croit à l'existence de chemins qui ne mènent nulle part, prouve qu'il est incapable de lire dans la nature ce pour quoi un jour la bête ou l'homme, sinon les deux, ont tracé une sente faite de végétation foulée, couchée, puis écrasée par les pas, jusqu'à ce que la fatigue de l'herbe révèle un jour le dessin d'un sentier.

Le chemin veut ce vers quoi il va. L'humain qui ne voit rien conclut qu'il n'y a rien à voir. Mais aucun paysan, qui s'avère plus humain que les humains depuis que ces derniers vivent l'âme engluée dans le béton et le bitume des villes, ne dirait qu'un chemin ne va nulle part. Il pourrait dire qu'il allait en un lieu où l'on ne va plus, certes, mais ne plus aller dans un endroit ne saurait signifier que personne ne s'y est jamais rendu.

Les hommes ont perdu la mémoire des chemins quand ceux-ci la gardent pour eux-mêmes bien longtemps après que la dernière âme qui vaille les a empruntés. Des chemins damés par des générations de Celtes, de Gaulois, de Romains, de Vikings, de Germains se lisent encore sur les cartes, car l'onomastique dit tout. Les noms des mottes, des buttes, des carrefours, des talus, des forêts utilisent une langue perdue par les hommes mais que la nature parle encore.

Vue du ciel, la campagne raconte comme un livre ouvert. Elle dit simplement des choses simples. Le point de vue de Sirius rend intelligent, il empêche le nez dans la boue puisqu'on s'approche des étoiles. Je n'oublie jamais que les étoiles brillent en plein jour et que c'est la clarté violente du soleil qui empêche qu'on les voie. Seule la nuit permet à leur éclat de nous parvenir, lumineux et diamantin dans cet écrin de velours noir. Même en plein jour, je sais que je vis sous les étoiles. Comme avec les morts : la nuit dans laquelle ils sont empêche qu'on les voie, et le jour dans lequel ils ne sont plus interdit qu'on les perçoive également – mais ils sont là, comme l'étoile du berger, nuit et jour.

2

Voilà cinquante ans que j'emprunte ce *chemin de la Garenne*. Où va-t-il ? Quand j'étais enfant, il allait vers mes songes ; aujourd'hui qu'un demi-siècle me sépare de ces temps-là, il me conduit vers mon enfance. Les songes d'un enfant ne sont pas les rêves d'un adulte, mais ils ont nourri l'âme avec laquelle l'adulte s'est trempé, comme on le dit d'un métal. J'ai dans la part la plus intime de moi-même l'odeur du fer forgé que le maréchal-ferrant plongeait dans l'eau pour lui donner force. Je sais qu'il faut aller au feu, en connaître la morsure jusqu'au blanc après le rouge cerise, puis se trouver lustré par l'eau afin de devenir une lame.

Il y a dans mon âme une multitude de ces odeurs et de ces parfums, de ces senteurs et de ces fragrances. Mon nez me semble envolé. À moins qu'à force d'avoir perçu les puanteurs et les remugles du monde, il n'ait perdu ses facultés qui me paraissaient si grandes quand j'étais enfant. J'ai probablement trop senti l'odeur des fauves que sont les hommes pour jouir des effluves du chemin comme je le faisais jadis. Enfant j'aurais pu dire, si j'avais eu les mots : « Je sens, donc je suis. » Je manquais de mots mais je n'oublie pas que les expériences ne me faisaient pas défaut. J'ai dans l'âme des provisions jusqu'à la fin de mes jours de blés blonds et jaunes, d'herbes grasses et de jus de mûres, du sang orange des doches et de la senteur blanche des dentelles d'aubépines, des jaunes solaires du bouton-d'or et de la soie rouge du coquelicot, des piqûres d'aiguilles des orties et des basses continues du vol des hannetons, des pépiements d'oiseaux au petit matin et des hululements la nuit tombée du grand duc dans les créneaux du donjon du village, du clapotis de la rivière, la Dives, que j'allais écouter la nuit, du vent dans les hautes branches des peupliers, du goût des fraises cueillies dans le jardin de mon père, de la beauté ourlée et frangée rose et blanc des œillets de poète, des bouquets de jonquilles contemporains des lumières de printemps aux périodes de rentrée scolaire, des marrons qui jonchaient le sol, de la neige qui fait parler chaque bruit plus bas – j'ai donc assez de provisions sensuelles dans l'âme pour tenir un long siège enfermé dans une ville...

3

Quand j'emprunte à nouveau ce chemin de la Garenne, seul, silencieux, calme, serein, je sais que je vais vers moi enfant, petit garçon, adolescent, jeune homme, donc vers moi aujourd'hui. Que vais-je y rencontrer ? Allons voir...

Je sors de ma maison, à droite, et grimpe vers le carrefour du village. Il y a deux hypothèses : le chemin dans le sens des aiguilles d'une montre si je pars à droite ou l'inverse si je préfère la gauche. J'opte pour les aiguilles...

Je longe l'église que borde l'impasse du Plénître. J'aime ce mot ignoré des dictionnaires, *plénître*, et cette erreur qui consiste à nommer impasse un raidillon de quelques mètres qui, via quelques marches qui contredisent l'hypothèse de l'impasse, conduit à une place à laquelle l'école communale fait face. Tous les jours, les écoliers l'empruntent pour se rendre à la cantine d'une autre école, il faut donc bien qu'elle mène quelque part...

Le plénître est, me semble-t-il, un mot qu'on ne trouve qu'en Normandie. Il nomme une place ou une esplanade sur laquelle les gens se réunissent – c'était autour de l'église qu'entourait alors probablement le cimetière comme c'était le cas jadis, à l'époque d'un catholicisme de foi profonde.

Je ne peux frôler cette église sans que mon âme y entre entièrement. Je songe aux mariages, aux baptêmes, aux communions, aux confirmations, aux enterrements qui y ont eu lieu pendant des siècles

– du bonheur et du malheur, des pleurs de joie et d'autres de souffrance, des messes dominicales pour le tout-venant et des offices de Noël à minuit avec la crèche dans le fond de l'église. Elle est là depuis presque mille ans – elle date du XIIe siècle. Deux chapiteaux abîmés en ornent l'entrée, les motifs floraux témoignent d'une parenté avec les entrelacs scandinaves que les Vikings ont apportés avec eux quand, très probablement, la rivière était navigable. Le bâtiment est lourd et élégant en même temps, massif et trapu : c'est une grande et grosse maison surmontée par un clocher de pierre dont j'ai vu tardivement qu'il portait en son sommet un tétramorphe. Aux points cardinaux, on trouve en effet associés un animal et un évangéliste : le lion pour Marc, le taureau pour Luc, l'homme pour Matthieu, l'aigle pour Jean. La vie du Christ est rassemblée dans ces quatre figures : le Verbe de Dieu s'est fait chair en l'Homme, qui a été tenté au désert en compagnie des lions, puis immolé comme le taureau avant de monter au ciel tel un aigle.

J'ai passé mon enfance entre l'église et le château qui datent de la même époque – la petite maison de mes parents se trouvait ruelle des Soupirs, une référence que ma mère qui jouait alors la fausse pruderie affectait nerveusement de trouver déplacée... Naître, être, grandir, mûrir à l'ombre des tours crénelées du pouvoir temporel et du tétramorphe du pouvoir spirituel, voilà qui charge l'air de très anciens et de très durables fantômes - dont ceux du Seigneur armé de la cité des hommes et du Prêtre sortant de la fumée d'encens de la cité de Dieu.

J'entre souvent dans cette église dans laquelle mes ancêtres paternels ont pris Dieu à témoin à l'occasion de tous les moments qui ont compté dans leur vie. Mes parents s'y sont mariés, j'y ai été baptisé, j'ai assisté aux leçons de catéchisme, j'y ai été enfant de chœur, j'y ai fait ma communion privée, puis ma communion solennelle, j'y ai confessé des fautes dans le confessionnal aujourd'hui vide de fidèles et de prêtres, j'y ai enterré mon oncle, en suivant son cercueil à côté de mon père, puis mon père. Enfant je sonnais les cloches avec l'épouse d'un poilu de la guerre de 14 qui était sacristain – le père Pellerin. Chaque heure sonnée, chaque quart d'heure aussi, est une musique qui part directement dans les limbes de mon être.

Quand j'entre dans cette église dont le plan incliné grimpe vers le tabernacle, je sais que l'athée que je suis a le droit de parler de spiritualité sans partager celle des personnes qui croient dans les divinités du christianisme. On y trouve la fraîcheur en été, la lumière au printemps et en automne, le calme toujours, un épais silence en hiver.

L'oculus par lequel passait la lumière venue de

l'ouest qui tombait en rayon lumineux sur l'autel a été occulté. Sur son pignon arrière, à l'ouest, des pierres bouchent l'entrée de la clarté qui disait Dieu descendu sur terre par l'entremise de la date anniversaire de l'un de ses saints. Le maçon qui a comblé cette ouverture a supprimé une entrée pour le froid mais, en même temps, son geste témoigne que la signification symbolique de l'église se perdait comme les pierres qui tombent une par une avant que disparaisse la totalité de l'édifice, ne laissant qu'un mur ou deux avec lesquels se font les ruines.

4

J'ai souvenir du dernier enterrement auquel il me fallut aller dans cette église. Celui d'un homme encore jeune du village, FB, quarante-six ans. Cancer, puis AVC, puis mort. Il était le petit-fils du premier fermier chez lequel mon père fut ouvrier agricole – mon père n'eut que deux patrons dans toute sa vie, et encore, parce qu'il fut remercié une fois... Notre famille et cette famille sont liées depuis. Nous y allions parfois le dimanche quand j'étais enfant et, sous la lampe jaune de leur grande salle, accompagnés par le tic-tac d'une vieille comtoise, nous y mangions de la soupe au lait dans laquelle nageaient des croûtons. On y buvait un mauvais cidre qui avait été bon : sucré et doux au départ, puis sec et rude ensuite, avant de finir sombre vinaigre avec le temps. On entendait les vaches meugler dans l'étable quelques mètres plus loin. J'ai souvenir du vieil homme, le grand-père du défunt, qui noyait ses chagrins, nombreux, dans l'alcool, et qui venait seul chez mes parents pour y retrouver les fantômes de sa vie ancienne, fantômes qu'avait bien connus mon père... À sa mort, ma mère m'en a raconté quelques-uns. Je fus quelques minutes contemporain de ces ombres qui traversent parfois les mauvais rêves, les nuits de pleine lune, les heures d'insomnie. Des spectres qu'il vaut mieux tuer afin d'empêcher qu'ils portent la nuit partout avec eux.

Avec ma mère, nous étions arrivés tôt dans l'église pour qu'elle puisse trouver une place où s'asseoir. FB était doux et aimable, courtois et poli, généreux et prévenant : la foule attendue est venue. D'aucuns ont assisté à l'office dans les travées, puis sur le parvis – comme le jour de l'enterrement de mon père. Dans les campagnes, on mesure l'affection portée au défunt par l'importance de l'assemblée. Le « il n'y avait pas grand monde », ou bien : « l'église était loin d'être pleine » signifient clairement que le mort n'était guère apprécié.

Pour FB il y avait tous les âges, dont de vieilles

personnes. Ma mère me rappelait leur nom quand elles empruntaient la travée pour grimper vers le chœur. Comment ne pas songer aux dernières pages du *Temps retrouvé* quand on voit passer celui qui, jadis, fut un marchand de vaches conquérant et riche et qui avance désormais à pas comptés ? Il a perdu ses cheveux, sa superbe, son allant ; il rejoint celle que je prends pour son épouse. Je m'en ouvre à ma mère qui me corrige : cette femme flétrie par l'âge, c'est sa fille, une brune vive et décidée, pétillante et énergique dont j'étais amoureux quand j'avais douze ou treize ans... Telle fut belle, dont la vieillesse a emporté la beauté, alors que cet autre qui fut ingrat est devenu beau avec les ans. On ne peut faire comme si le caractère ne finissait pas par sortir des entrailles afin de dessiner les traits du visage chez celle-ci qui fut méchante et le reste, et celui-là qui fut bon et le demeure.

Et je me dis que, se retournant sur mon passage, ou se tordant le cou pour regarder dans ma direction alors qu'on vient de leur signaler ma présence, ils devaient eux aussi penser que j'avais sacrément changé, drôlement vieilli, épaissi, pris du ventre, que mes cheveux avaient blanchi – et ils avaient bien raison. Dans l'attente du cercueil, cette église était le bal du temps retrouvé.

Le bedeau qui laisse dire qu'il est sous-diacre ne le savait pas, mais il offrait une parfaite illustration de ce qu'est la thèse du garçon de café dans *L'Être et le Néant*: pénétré par l'importance de sa fonction, celui qui parlait un jour de moi comme d'« un grand con » quand j'avais le dos tourné, avant que je ne lui demande s'il réitérait alors que j'étais en face de lui, ce qui le fit détaler comme un lapin, portait ses habits du dimanche – à défaut d'habits sacerdotaux. Il arborait une petite croix d'argent en sautoir : le crucifix maigrichon sur sa cravate de ville était du meilleur effet… Je me souvenais que, dans une soirée de repas communal, bien éméché, ce ministre de Dieu qui joue de l'harmonica racontait des histoires salaces, quand, le vin aidant, il ne les chantonnait pas. J'ignore s'il y avait une épreuve « chanson » au grand oral qui permettait au profane d'être oint avec les attributs du sous-diacre, mais il aurait pu y marquer des points… Son épouse, chantre dans la chorale étique de l'église du village, était la version femme du garçon de café épiscopal. Le chœur étant chauffé, le sous-diacre, nommons-le ainsi, s'avança vers le micro et fit savoir aux personnes âgées qu'elles pouvaient venir se mettre au chaud pour assister à l'office derrière le curé. Nous eûmes droit à plusieurs versions de l'annonce : d'abord oralement au micro, « six places », puis toujours à l'oral, mais a cappella, « quatre places », puis « trois », enfin, en usant de la langue des signes, deux doigts, puis un. Et zéro.

Il arpentait les travées, faisait monter tel ou tel qui était à la porte au plus près de l'autel, il effectuait les courbettes nécessaires quand arrivait tel ou tel membre du conseil municipal, avec une inclination plus appuyée quand la mairesse fit son apparition. Un gros et gras barbu qui était à l'école avec moi, conseiller municipal lui aussi, obtint une poignée de main franche et virile du grand placier, il le fallait bien, tout le monde les regardait : le bourru est bien connu pour être un catholique fervent, mais seulement le temps de la messe. Car, une fois sorti de l'église, ce paysan madré et près de ses sous, impoli et mal dégrossi, s'avère un antéchrist aux petits pieds. Pour l'heure, il accompagne le garçon de café dans son exercice *inauthentique* – pour parler comme Sartre…

L'église est pleine. Qu'y a-t-il dans la tête de ces deux cent cinquante personnes ? Chez quelques-uns, un mélange de christianisme des origines et de paganisme : une histoire sainte à laquelle on souscrit, Jésus, Marie, Joseph, ou bien Gaspar, Melchior et Balthazar, mais également des croyances dans le vieil ordre païen du monde – normal, la plupart sont paysans : les Rameaux et les Rogations, la Nativité et la Résurrection, voilà qui parle à ceux qui ont appris de leurs anciens, qui eux-mêmes le tenaient de leurs propres anciens, que le cosmos, qui signifie l'ordre du monde, est bien une affaire de solstices et d'équinoxes, de saisons donc, c'est-à-dire d'un plus ou moins grand ensoleillement. Nul besoin d'en savoir plus. Ils ont compris intuitivement que cette vieille religion chrétienne procède d'un culte solaire païen : le signe de croix qu'ils font avec leurs grosses et vieilles mains noueuses et calleuses n'est pas sans relation avec les gestes que faisaient les prêtres romains quand ils accompagnaient d'autres gestes rituels et de paroles sacrées les cérémonies faites dans les champs pour obtenir de bonnes et belles récoltes. Le prêtre ne s'y trompera pas qui, dans son homélie, commentera trop brièvement un passage de Jean sur le grain mis en terre qui meurt, mais pour mieux ressusciter. Les Évangiles ont été écrits pour parler aux personnes les plus simples : elles étaient là, dans cette église, contemporaines des aventures qui auraient eu lieu dans l'eau du Jourdain ou sur les bords du lac de Tibériade, avec des agneaux et des poissons, du pain et du vin, de l'huile et du sénevé. Ces premiers chrétiens rassemblés dans une église postchrétienne toussaient, se raclaient la gorge, reniflaient. J'étais chez moi dans ce peuple sain et vrai, simple et modeste.

Le corps est arrivé, porté sur les épaules des employés des pompes funèbres. Je ne connais que trop ce dandinement du cercueil dans lequel on imagine le corps allongé de la personne aimée. Au fond de l'église, il semble flotter sur l'assemblée, comme glissant au-dessus d'elle, porté par un courant qui le conduit on ne sait où – le Léthé ou le Purgatoire ?

À son passage, les anciens font un signe de croix. Soit l'ancestral, le millénaire, l'antique – au nom du Père la tête, du Fils le ventre et du Saint-Esprit les épaules ; soit celui que Vatican II a imposé en estimant qu'en changeant le ruban on modifiait le paquet-cadeau et qui suppose désormais cet étrange et ridicule baiser donné à son front après avoir embrassé ses doigts réunis...

Au passage de la bière, les visages grincent, les bouches se crispent, les larmes coulent, les mouchoirs sortent. Celui qu'on a connu debout, droit, vivant, parlant, riant, joyeux, celui-là même avance allongé, raide, mort, froid, glacé, pétrifié entre ces *quatre planches* comme on dit – en fait six, sinon c'est un tube parallélépipédique duquel on peut s'échapper...

Vatican II a laissé le moins de place possible au rituel catholique pour offrir au profane l'occasion de saluer ses défunts. La cérémonie commence désormais avec des hommages de la famille et des amis. C'est le grand moment de la douleur. On y présentifie en effet l'absent en le racontant, en rapportant des anecdotes, des histoires, des souvenirs, en lui parlant comme s'il était vivant, en s'adressant à lui, en faisant semblant qu'il n'est pas cadavre et en imaginant qu'il nous entend, qu'il acquiesce, ou sourit, voire on rigole quand on détaille devant l'assemblée tel souvenir intime qu'il vaudrait mieux garder pour soi tant il jure avec le réel.

FB était ce que les gens simples nomment « quelqu'un de bien » – tout est dit avec cette belle et noble expression. À quarante-six ans, il n'était ni marié ni père de famille, on ne lui a connu aucune petite amie ou compagne, mais, étrangement, ses amis et ses copains de génération l'appelaient « Papa ». Au micro, la chose sera dite et illustrée par des souvenirs : des soirées gentiment arrosées, des pitreries joyeuses sur un vélo d'enfant, des croissants offerts le matin aux amis encore ensommeillés, des comportements un peu lunaires, des attentions délicates en quantité...

Son frère dit comment, un soir de confidences, il lui avait avoué combien il aurait aimé rencontrer l'âme sœur et devenir père. On entrevoit alors, comme derrière un lourd rideau de velours écarté une poignée de secondes, le mystère de l'être, le silence de l'intimité, la solitude du célibataire, et l'on se prend à aimer plus encore cet être dont l'absence va devenir le mode essentiel de sa présence. Ce même frère éclate en sanglots en clamant devant tout le monde que, dans cette famille, on ne sait pas dire aux gens qu'on les aime de leur vivant et qu'il faut malheureusement attendre la mort pour que ces choses-là finissent par être dites. Pour qui connaît la nature taiseuse des gens de la terre, cette parole déchire le ciel pour en faire tomber tout son feu dans cette petite église. Et puis, la voix cassée par la peine et la souffrance, brisée par les sanglots, massacrée par le sang qui monte dans la gorge en pareille occasion, il apprend à toute cette assemblée que ce même jour où le corps de son frère est mis en terre est celui de l'anniversaire de leur propre père ! Je vois devant moi la tête du vieil homme qui a travaillé toute sa vie dans les champs et qui est un solide paysan, bouger, dodeliner, vaciller, s'affaisser : il pleure doucement, comme pleurerait un vieux dieu du panthéon païen ému par la parole vraie et simple, douce et juste d'un jeune homme qui dit vrai, emporté par la douleur, et qui, entre cris et borborygmes, sanglots et gémissements, parle au cercueil de son frère mort... « Pourquoi ? » Il demande en effet au ciel qui est vide et qui, de ce fait, ne lui répondra pas : pourquoi son frère, si jeune, a-t-il tant souffert dans la vie, alors qu'il n'a fait aucun mal à personne ? Oui, pourquoi ? Pourquoi cet homme qui aimait les animaux et la nature, ses chiens et les balades dans la campagne, les aubes rougeoyantes et les repas avec ses amis, cet homme qui n'a jamais ajouté de mal au mal dans sa vie si brève, cet homme dont tous ceux qui l'ont approché ou connu peuvent dire qu'il a été doux et bon, pourquoi donc a-t-il connu ce calvaire ? Jamais je n'ai ressenti une assemblée aussi grave. Ces gens qui ont étudié la vie dans la nature, et non dans les livres, savaient que ce frère éploré, loin des ouvrages de théologie ou de philosophie qui questionnent en vain l'énigme du mal, exprimait dans les larmes cette évidence de l'injustice qu'il y a à mourir prématurément et dans de pareilles souffrances quand on n'a rien fait pour mériter un pareil destin. Oui, pourquoi ? C'était en ce lieu, à cette heure, dans cette église que traversait à ce moment un rayon de lumière qui trouait l'ombre descendante, comme si c'était un signe d'acquiescement qu'il donnait ainsi post-mortem, qu'il fallait poser cette question : pourquoi ?

Il y eut d'autres témoignages. FB était chasseur. Son neveu raconte alors toute la vie de son « tonton » sous l'angle cynégétique : il n'a jamais fait de mal à personne, sauf, *peut-être,* à des animaux qu'il aimait mais chassait, donc qu'il aimait chasser. Le temps de ces mots dits, le souvenir de cet homme doux fut traversé par des vols de perdrix et des charges de sangliers, des brames de cerfs et des courses de biches graciles. Puis il fut dit qu'à l'heure où son neveu finissait son hommage, devant la dépouille mortelle, saint Hubert, le patron des chasseurs, avait déjà probablement accueilli FB près de lui. Ce paganisme chrétien ou ce christianisme païen m'émouvait profondément.

Vint le tour du prêtre. La haute tenue que je dirais philosophique des discours de ces hommes simples, un frère et un neveu, plaçait la barre haut. Le curé avoua que le défunt et lui avaient à peu près le même âge – on lui en aurait donné vingt de plus : il ressemblait à Bernard Blier, l'humour en moins. Ma mère se pencha à mon oreille et me dit qu'elle me raconterait des choses à son propos. Elle m'apprit ensuite que pareil physique pouvait, disait-on dans le village, retenir l'âme légère d'une paroissienne en compagnie de laquelle il fut vu au restaurant bien loin de l'autel sacré...

Je ne lui reprocherai pas un dîner galant avec une personne du beau sexe car si Adam n'avait jamais péché, où en serait aujourd'hui le christianisme ? Mais je lui en veux d'avoir été en dessous de tout pour répondre au frère qui avait porté la question à un haut niveau théologique. « Pourquoi », avait-il demandé. Oui, « pourquoi » : il avait donc à répondre...

Le prêtre commença par dire qu'il n'avait pas de réponse à apporter... À quoi bon, dès lors, tant d'années de théologie ? Qu'a-t-il appris au séminaire pendant ses études ? Qu'a-t-il lu ? A-t-il même lu ? Oui, hélas, il avait lu, car nous en eûmes la preuve dans la foulée et l'on s'en serait bien passé… Il précisa que la communauté d'âge faisait que, très probablement, FB avait vu le même film que lui. Lequel? *Le seigneur des anneaux*… J'ai cru mal entendre. Mais le prêtre poursuivit et il était hors de question d'imaginer que j'avais mal entendu: il parla de Tolkien, du Hobbit, du magicien Gandalf! Sous les voûtes simples et sobres de cette église romane, je ne sais lequel était le plus inconvenant, de moi qui ne crois pas à la fable chrétienne, ou de lui qui en est le ministre et mobilise Tolkien pour répondre au «Mon Dieu mon Dieu, pourquoi m'as-tu abandonné», les fameuses dernières paroles du Christ, «*Eloï, Eloï, lama sabaqthani?*», que proférait à sa manière le frère éploré? D'abord il ne savait pas quoi répondre, ensuite il convoquait *Le seigneur des anneaux*! Qu'y avait-il d'autre à faire que de convenir que, décidément, oui, puisqu'il fallait entendre pareille péroraison dans la bouche d'un jeune prêtre, le christianisme était bel et bien mort…

Pour autre preuve, ce *Notre-Père* récité dans la formule désormais politiquement correcte du «Ne nous laisse pas entrer en tentation» au lieu de l'ancien «Ne nous soumets pas à la tentation» car Dieu, que l'on se permet sans vergogne de tutoyer depuis Vatican II, c'est une broutille, ne saurait nous tenter lui-même, sinon il serait le démon, le diable en personne ! Si l'on entre en tentation, c'est que le malin nous y pousse ; on doit dès lors le solliciter par la prière pour qu'il empêche Lucifer de faire son métier... Les anciens, un peu mécaniques, récitaient la vieille formule pendant que les modernes, frétillant à l'idée de prouver leur zèle, appuyaient avec insistance sur la nouvelle afin de ramener à la juste parole la brebis égarée. Ce qui produisit dans l'assemblée un savonnage, un friselis de paroles, un tuilage de mots vite emportés par la suite : « mais délivre-nous du mal »...

Le curé fit savoir à un moment donné que la Vierge Marie « avait pris par la main » le défunt. À tout prendre je préférerais qu'il banquette avec saint Hubert auprès d'une cheminée, en débouchant un litre de vin consacré, bien que rouge, et en mangeant une terrine de sanglier avec saint Laurent, saint Médard et saint Vincent, respectivement patrons des cuisiniers, des cultivateurs et des vignerons...

Quand la messe fut dite, vu la foule, le curé a fait savoir qu'il y aurait deux files pour bénir la dépouille – ou faire un autre geste à sa convenance, on a désormais le sens de l'accommodement chez les catholiques... Il donna ses raisons : « pour aller plus vite » ! Pour un homme qui venait de dire que la mort c'était la vie, que le temps du vivant devenait éternité, que « le pain de vie » était une nourriture permettant d'accéder à la vérité de la vie éternelle, c'était manifester un empressement de mauvais aloi. Avec l'éternité, on a le temps, donc on prend son temps.

Chacun attend son tour pour bénir le corps ; on voit passer devant soi tous ceux qui sont venus à la cérémonie ; on a les yeux brûlants des larmes versées, mais le divertissement, au sens pascalien, reprend le dessus : c'est la suite du *Temps retrouvé*... Les vieux qui paraissent jeunes, les jeunes qui paraissent vieux, les vivants qui semblent morts et des morts qui semblent vivants, d'anciennes jeunes filles qu'habite désormais le corps de leur grand-mère, même chose avec des copains d'école qui affichent le portrait de leur père sur leur visage – ils disposent au moins d'une preuve que leur géniteur est bien le bon, ce qui n'est pas le cas de tout le monde... Moi aussi je dois générer les mêmes commentaires dans le for intérieur de tel ou tel. Le maire de la commune voisine qui met tellement de soin à faire semblant de ne pas me voir que c'en est grotesque, sa secrétaire de mairie qui ne le quitte pas d'un poil et ne sait si elle doit elle aussi adopter la stratégie d'aveugle de son patron : elle esquisse quand même un imperceptible sourire et sauve deux fois sa peau – auprès de lui, même s'il n'a rien vu puisqu'il était devant elle, et auprès de moi qui ne me serait pas offusqué de ce à quoi se trouve contraint quiconque n'a pas le pouvoir auprès de celui qui l'a...

L'église se vide, le parvis se remplit. L'encens sort de l'édifice par les grandes portes ouvertes et se répand dans le village comme un gaz entêtant. On bavarde devant le corbillard. On parle bas alors qu'ils sont nombreux à *entendre haut* – selon une expression que j'aime bien... On regarde, on est regardé ; on regarde si l'on est regardé. Les femmes dévisagent furtivement leurs semblables, de la permanente aux souliers en passant par le sac à main ; les hommes ne perdent pas du regard celle qui fut jolie et le reste, ils ignorent *La passante* de Baudelaire qui raconte pourtant leur destin ; celui-ci met tous ses efforts pour ne pas croiser le regard de celui-là qu'il ne veut pas saluer ; il y a dans cette assemblée de vieilles histoires faites d'insultes et d'adultères, d'amitiés brisées et de terres convoitées, d'enfants illégitimes élevés par d'autres qui l'ignorent alors que tout le village le sait, de coucheries d'un jour derrière une haie, d'héritages contrariés, de jalousies prises à la réussite de l'un et de la joie mauvaise aux échecs de l'autre... Rien que de très normal.

J'ai quitté ce grouillement non sans avoir salué qui de droit. C'est alors que commence le deuil, celui qui surgit quand on se retrouve face à face avec le mort.

Je conduis ma mère à sa maison. Nous passons

sur le lieu même où mon père est mort dans mes bras. Le vent froid secoue doucement ses cheveux blancs. Dans quelques jours, le premier novembre, jour des morts, elle va avoir quatre-vingt-cinq ans, à la fin du même mois, ce sera la date anniversaire de la mort de mon père.

FB est enterré dans une tombe proche de celle où mon père repose. Les familles avaient souhaité rester proches dans la mort et il fut offert à mon père une place dans le cimetière afin qu'il soit allongé côte à côte dans l'éternité avec ceux qu'il aimait et ceux qui l'aimaient de cette famille.

Rentrant chez moi et passant devant le cimetière, je n'ai pu m'empêcher d'être traversé par cette étrange idée : ce soir, la nuit venue, FB donnera à mon père des nouvelles des vivants. Je savais qu'il n'en serait rien, mais la seule idée m'a fait du bien. Puis j'ai songé à ce que serait désormais la date anniversaire de ce père privé de son fils. C'est ce qu'on nomme l'enfer, et il est sur terre. Enfin, j'ai pensé également à la solitude de ses deux chiens qui ont perdu leur gentil maître.

5

Je reviens à moi-même et laisse mes souvenirs de cette inhumation derrière moi. J'ai encore en tête le parfum de cet encens répandu dans le village... Je gravis quelques marches qui me conduisent sur la place qui a elle aussi changé de nom. Elle est devenue place Lessard, du nom d'une famille locale qui a émigré au Québec au XVIIe siècle avant de faire souche et d'envoyer régulièrement en pèlerinage ses descendants qui traversent l'Atlantique dans l'autre sens et effectuent le trajet de leur grand ancêtre.

Le bureau de poste était le lieu de la paie de la centaine d'employés de la fromagerie du village – propriété du fameux « monsieur Paul » qui possédait aussi la ferme de cinq cents hectares dans laquelle mon père était ouvrier agricole, le château comme on disait, en fait une grande maison bourgeoise du XIXe siècle dans laquelle ma mère était femme de ménage, et cette fameuse fromagerie dans laquelle mon oncle était chauffeur laitier... Son nom a été donné à la rue qui poursuit celle du Maréchal-Leclerc et la plaque a été apposée, peut-être ironiquement, sur les murs de la maison d'un contremaître de l'usine qui l'avait très bien connu...

À l'époque du service public, cette poste était le lieu où l'on téléphonait dans une cabine placée dans l'encoignure de la pièce, à côté de rangées de gros bottins dans lesquels je suis venu un jour chercher l'adresse de Jean Rostand à Ville-d'Avray afin de lui envoyer un courrier admiratif qui ne reçut jamais de réponse. J'avais onze ou douze ans. Quiconque téléphonait ici pouvait être sûr que tout le village saurait quel avait été le motif de la communication et son détail. Il fallait aux amants séparés beaucoup de talent et d'ingéniosité pour échanger deux ou trois mots en toute intimité. Personne d'ailleurs ne s'y risquait. Ça aurait été comme traverser le village entièrement nu en tenant la main de sa maîtresse...

J'ai jadis attendu mon tour en faisant le planton dans cette poste. Il fallait alors entrer dans une cabine où le précédent occupant avait sué, transpiré, et qui n'avait pas vu un seau d'eau et une brosse depuis des mois. Le combiné en bakélite était gras, trempé, ses orifices étaient parfois comblés par des postillons, des desquamations, du gras de cheveux ou du cérumen, des poils ou des cheveux. À l'époque, la communication était moins l'objet d'une science qu'une pratique risquée pour la santé.

Aujourd'hui cette poste sert de magasin pour les produits privés dérivés : on peut acheter à prix d'or un emballage pour expédier un colis ou envoyer une lettre recommandée qu'on nous propose, nonobstant le coût déjà élevé, de surtaxer si l'on souhaite qu'elle arrive avant dix heures le lendemain matin – pas sûr en plus que la fortune engloutie garantisse un service contre lequel, s'il n'est pas assuré, personne n'a aucun recours... Les fonctionnaires de la République payés par le contribuable engraissent des entreprises privées, le tout dans une ambiance relookée qui relève du funérarium ou du réduit dans lequel on attend pour payer son parking souterrain. On lit des affiches pour passer le temps. On entend les conversations des clients devant soi. On fait semblant de ne pas entendre. On n'en pense pas moins. Et bientôt l'on saura dans tout le village combien de gros billets de cinquante euros madame Tartemolle a retirés au guichet peu avant midi. On estimera alors, au cours d'une conversation debout dans la rue, un peu perfide, que la retraite de la dame en question, c'est pas si mal payé...

Un clocheton coiffait jadis cette poste. Je ne sais pour quelle raison. Peut-être était-ce une école avant l'attribution postale. Le clocheton s'effondre, la flèche qui le surmontait bat de l'aile.

Je grimpe cette place, je passe l'arrière de la maison de mes parents. Je me souviens de la fête foraine qui y avait lieu autour du premier mai – manèges, balançoires, stands de tirs, voitures tamponneuses – comme on disait ici, ailleurs on dit aussi auto-tamponneuses, auto-camorres ou auto-butantes. Au petit matin du lendemain de fête, les forains avaient déménagé dans la nuit, il restait au sol les tiges de plâtre explosées par les plombs des tireurs. Je partais à l'école en écrasant ces témoins du bonheur des gens simples. Il faudrait attendre un an encore pour assister à cette joie collective. Le démontage des stands, le dévissage de cette cage de balançoire qui faisait un tour complet autour de son axe, les petits sujets des manèges rangés dans les camions, tout cela contribuait à une mélancolie qui s'accompagnait d'une douceur d'être. Sous le soleil d'août, la place que je grimpe est morte, vide de vie, pleine de songes. Mes semelles de cuir écrasent les graviers qui crissent, c'est presque une plainte venue de l'au-delà.

La rue qui sort de Chambois et conduit au chemin de la Garenne passe devant deux garages dont les garagistes sont morts. Elle laisse sur le côté gauche une bascule où les paysans venaient faire peser leur blé pendant la moisson. La fosse a été comblée, les grosses planches de bois ôtées, le mécanisme supprimé, seuls ceux qui ont su savent encore.

6

Sur le chemin de ma promenade, je passe devant l'école communale. Au fronton de celle-ci, on peut encore lire la date de construction : 1929. Mon père, qui est né en 1921, l'a connue. Je l'ai moi-même fréquentée et, à cette époque, c'était avant Mai 68, on y enseignait de la même manière depuis au moins un siècle. Dans cet endroit, j'ai en effet connu l'école républicaine dans toute sa superbe, celle qui ignorait l'origine sociale des enfants et estimait que, devant la République qui seule importait, il n'y avait que des enfants égaux face à l'instruction. On pouvait, à la maison, écorcher le français, subir des géniteurs illettrés, n'avoir jamais vu un livre de sa vie, ne pas même savoir qu'existaient le théâtre ou l'opéra, le cinéma ou la poésie : l'instituteur avait pour mission d'éduquer les filles et fils de la République, et ce de la même manière, afin de permettre aux meilleurs, indépendamment du métier, de l'intelligence ou de la culture de leurs parentèles, de décrocher un diplôme avec lequel on pouvait trouver sa place dans la société. Il y avait dans cette école le fils d'ouvrier agricole que j'étais et l'enfant du chef de culture, lequel, à la ferme, parlait à mon père comme un colon blanc s'adressait à un Sénégalais au siècle de Jules Ferry...

J'avais appris à lire, écrire et compter dans une petite école créée par une ancienne gouvernante. Quand je suis entré au cours préparatoire, Mme Hamon, l'institutrice qui avait plusieurs niveaux dans sa classe, ayant vu que je m'acquittais rapidement des exercices demandés à un niveau pendant qu'elle s'occupait du deuxième ou du troisième, m'a fait changer de place ; elle me faisait ainsi sauter une classe et m'offrait un an d'avance que j'ai conservé jusqu'au bac.

Comme mon père, j'ai donc connu la plume Sergent-Major et les pâtés sur le papier gratté, les encriers en céramique remplis par les bouteilles d'encre violette, les buvards qui ne buvaient pas grand-chose, leurs taches comme des Rorschach personnels, les coups de règle sur les doigts en cas d'indiscipline, autrement dit pour un mot échangé à voix basse, les cartes de géographie pendues au mur, la bibliothèque avec de véritables livres, et non des productions dites pour enfants, des armoires pleines d'objets singuliers, un crâne humain, un serpent dans un bocal, un corbeau empaillé, des fossiles, mais aussi le papier de verre et la cire avec lesquels on remettait en état les tables avant de partir pour les deux mois et demi des vacances d'été.

J'ai aussi connu, avant d'entrer dans la classe, l'inspection de propreté des mains, des ongles et des oreilles, mais cette fois-ci avec le mari de Mme Hamon, surnommé Pépète, un surnom fabriqué par les grands du cours moyen à partir du bruit d'onomatopée, pet-pet-pet, que faisait le moteur deux temps de son étrange voiture quand il la sortait du garage, une Panhard Dyna... Nous nous présentions en file indienne, sanglés dans nos blouses. L'instituteur tirait le lobe de l'oreille, la ramenait vers lui en la pinçant, regardait le conduit dans lequel il traquait le cérumen – qu'un écolier transforma un jour en *cire humaine*... Il procédait de même avec les mains qu'il fallait présenter recto et verso, pas trop vite, ce qui aurait valu suspicion de dissimulation, donc de saleté, pas trop lentement non plus, ce qui aurait été pris pour un zèle mal venu. En cas de crasse ou d'ongles noirs, la gifle partait sans prévenir et tournait sur elle-même la tête du contrevenant qui allait laver tout ça dans les lavabos qui précédaient l'entrée dans la classe. Quiconque se serait plaint à ses parents s'en serait pris une seconde à la maison – au contraire d'aujourd'hui où, d'abord, l'instituteur qui aurait eu cette idée saugrenue serait convoqué au poste de police pour avoir osé ce genre d'inspection qualifiée illico de traitement inhumain et dégradant, ensuite serait convoqué à la barre d'un tribunal où il lui faudrait répondre à des accusations qui lui reprocheraient des comportements de négrier, de psychopathe pervers, de gibier de psychologue, avant d'être guillotiné sur la place publique –autrement dit : d'être fustigé dans les médias officiels ou officieux, papiers ou numériques, locaux ou nationaux, comme un dangereux personnage à exclure de l'Éducation nationale... À moins que, pour s'éviter toute cette procédure, le père ne vienne lui-même le lendemain rouer de coups l'instituteur devant son enfant dans la perspective pédagogique de donner une bonne leçon de talion à sa progéniture.

C'est dans ces lieux qu'on apprenait à lire et à écrire, à calculer et à penser, à pratiquer l'analyse logique et la définition des mots, à rédiger des rédactions et des dictées, à apprendre par cœur des tables de multiplication et des poésies – Hugo ou Lamartine de préférence aux comptines débiles parfois infligées aujourd'hui en alternance avec des chansons de Renaud ou Patrick Bruel...

Les leçons de choses permettaient d'apprendre la vie : les mystères patients de la germination d'un haricot blotti dans un coton humidifié lui-même placé dans un pot de yaourt en verre, la structure étoilée et presque cosmique d'une orange coupée en deux, le mécanisme elliptique des équinoxes et des solstices avec une bougie et la même orange avant son sectionnement, le goût amer des olives vertes ou noires, le fonctionnement bruyant d'une ruche et le goût du miel, la structure fractale des flocons, la relation entre bourgeons, fleurs et fruits, jusqu'à la sensation qu'on expérimente à toucher un long python, ou un boa, apporté un jour par un homme de foire qui a posé son animal dans le bac à sable dans lequel nous faisions habituellement les exercices de saut en hauteur.

C'est donc dans cette école que mon père, qui la quitta de bonne heure, douze ou treize ans, date à laquelle il partit travailler, acquit assez de savoir pour écrire toute sa vie de quatre-vingt-huit ans sans faute, compter sans erreur, penser juste, réfléchir avec logique, c'est-à-dire éviter les erreurs de raisonnement, citer des vers des grands poètes classiques, connaître assez d'histoire et de géographie pour savoir se déplacer mentalement dans le temps et dans l'espace, pouvoir réciter telle ou telle fable de La Fontaine et connaître sa sagesse empirique, savoir lire dans le ciel et nommer les constellations...

Mai 68 est passé par-dessus tout ça. Il fallut alors tutoyer ses instituteurs, les appeler par leur prénom, les interpeller comme les copains dans la cour de récréation. On a décroché les cartes de géographie et les fresques chronologiques qui couraient le long du plafond, l'histoire et la géographie devenaient des disciplines secondaires sous prétexte qu'elles servent d'abord à faire la guerre ; on a dissimulé le crâne pour éviter de traumatiser les petits chéris à qui on ne doit pas apprendre qu'un squelette habite en eux avant qu'il n'existe plus que lui un jour ; on a éloigné la vipère du regard des enfants afin de ne pas les effrayer alors qu'en matière d'effroi, ils surfent sur internet et connaissent tout de la copulation des mammifères supérieurs, donc de leur instituteur et de leurs parents ; on a mis l'estrade au garage, parce qu'il ne faut plus que le maître montre factuellement qu'il domine ses élèves ; on a jeté le tableau noir et les craies au profit d'une surface plastique et de gros feutres ; on a relégué l'équerre, le compas et la règle dans la même remise puisqu'on n'a plus besoin d'algèbre ou de géométrie, vu que la calculette fait tout ça très bien, voire mieux... Ainsi, on a bien vidé les têtes que l'on peut désormais facilement remplir avec de la marmelade idéologique. Les têtes ne sont plus bien faites, car elles sont bien pleines – mais de quelle étrange substance ?

Dans cette cour, il n'y a plus de bac à sable – danger pour les yeux ; il n'y a plus de terre – danger pour les vêtements ; donc il n'y a plus de trous pour jouer aux billes ou aux petites voitures – danger pour les chevilles ; il n'y a d'ailleurs plus de billes ou de petites voitures – danger pour les œsophages, les estomacs et les rectums ; il n'y a plus de tilleuls – danger de glisser avec les feuilles en automne. Il n'y a plus rien, on n'y risque plus rien, on n'y est plus rien. L'école est finie. Tout va bien...

7

Plus loin, ce qui était la fromagerie a été détruit après des années d'impéritie municipale. Le bâtiment privé a été acheté par la commune sans autre motif que le désir de plaire aux propriétaires. Il a été laissé sans soin pendant un quart de siècle de sorte qu'il est devenu une friche industrielle. Des vitres brisées, des feux allumés dans les pièces où j'ai travaillé deux années comme ouvrier pendant les vacances, les portes de douches arrachées, les matériaux récupérés, les fils électriques arrachés, les gravats au sol, les tuiles tombées comme les écailles d'un vieux reptile.

Lorsque petit garçon j'allais chercher du lait à la fromagerie, je cognais la timbale, ou la bacholle comme on dit aussi, le long du mur. J'aimais le bruit sec et mat de l'aluminium. Je ne sais qui m'avait appris qu'on pouvait, si le mouvement était assez vif, effectuer un cercle entier avec le récipient rempli de lait qu'il fallait donc faire passer au-dessus de sa tête. Sur ce chemin, on entendait les bruits de l'usine, le maillet de bois avec lequel un ouvrier très velu faisait sauter le couvercle des bidons, le bruit de ces récipients d'alu posés sur le rail du quai, le ronronnement des moteurs des camions qui, très tôt le matin, partaient récupérer les bidons remplis par les paysans, le souffle chaud, humide et gras des ventilateurs de l'usine.

Quand l'usine a fermé, le silence s'est installé ; quand les bâtiments se sont effrités, désagrégés, décomposés, le silence a changé de nature – le premier était un silence d'après la vie, encore plein d'elle ; le second, un silence de mort rempli d'ombres et de spectres, de silhouettes découpées sur le noir de l'éternité et de mouvements de ces simulacres d'ouvriers comme dans un vieux film au ralenti…

Il y a quelques années, quand avec mes deniers j'ai souhaité racheter l'un de ces bâtiments pour y installer l'Université Populaire dans le village, la mairesse a tout fait pour que le projet échoue. Elle fit dépêcher dans cette usine désaffectée bulldozer et pelleteuses, camions et bennes pour tout raser – elle fut aussi efficace que la soldatesque lors de la poche de Falaise qui s'est fermée ici…

Pendant qu'elle y était, elle a également dynamité, plastiqué, explosé, abattu, détruit, ruiné le château d'eau du village. À la place ? Des herbes folles et des souvenirs. C'était autour de ce bâtiment que vivaient les ouvriers dans des bâtiments en bois, dont mon oncle, et qu'on trouvait des jardins ouvriers, dont celui de mon père qui, par son ordre et sa discipline, a été pour moi une première leçon de philosophie, puis de sagesse.

Quand je passe le long de cette usine morte et enterrée, je songe à tous ceux qui y ont travaillé durement, sans grand espoir de faire autre chose dans la vie que d'y tenir leur place en se taisant pour le prix d'un petit salaire à la fin du mois. Cette dame qui a semé le sel comme les Romains sur les villes conquises habite, non loin, sur le trajet qui conduit au chemin de la Garenne, une maison qui lui ressemble – un pavillon ancien, bien peigné et sans âme.

Le château dans laquelle ma mère faisait le ménage a été vendu, puis racheté ; la dame à tout faire, vraiment, qui habitait une maison dans le parc est morte ; la porte d'entrée a été comblée, une autre a été pratiquée plus loin, elle permet d'entrer en biais, plus discrètement, moins royalement.

J'ai souvenir, que mon père allait, le jour du premier de l'an, présenter ses vœux à monsieur Paul qui distribuait des pièces aux gueux venus lui dire merci de les sous-payer. Nous entrions alors dans cette maison comme si elle avait contenu le Saint-Sacrement. Des années plus tard, alors que j'écrivais l'histoire de mon village, je n'avais pas trente ans, je suis allé le voir pour lui demander quel souvenir il avait de sa nomination par le régime de Vichy comme maire du village d'à côté, Fel, en remplacement d'un premier magistrat évincé parce qu'il était radical-socialiste – et probablement franc-maçon. Il n'avait guère aimé ; j'avais beaucoup apprécié qu'il n'ait guère aimé.

Des propriétaires de chevaux ont acheté cette maison et les terres attenantes pour en faire un haras. Une belle vente à Deauville leur a permis un jour de se refaire. Ils sont partis en Afrique du Sud.

Cette maison semble inhabitée. Pour moi, elle l'est encore même si le vide lui tient compagnie.

8

Sur la route de Gacé, lorsque l'on sort de Chambois, d'anciennes maisons en bois de la reconstruction ont été distribuées à la Libération, puis, avec le temps, arrangées par leurs différents propriétaires. Plus d'un demi-siècle plus tard, c'est une leçon politique intéressante pour qui, comme moi, estime que le socialisme utopique a délivré une bonne fois pour toutes les véritables leçons sur le socialisme qualifié de scientifique par Marx.

Car, quand des socialistes utopiques ont créé ex-nihilo des communautés de l'autre côté de l'Atlantique, ils ont distribué à chacun un même lot dont le mésusage égoïste illustre la parabole des talents au siècle industriel. Des maisons semblables ont été construites, des parcelles égales ont été distribuées, chacun a reçu la même chose. Des années plus tard, plus rien ne ressemble au legs d'origine. Les uns ont laissé les herbes sauvages envahir le carré de terre alors que d'autres ont créé un potager, vendu leurs légumes après s'être nourris, accumulé du capital, pendant que d'autres attendaient son partage par et pour la communauté... Les maisons de certains n'ont pas été entretenues, d'autres l'ont été scrupuleusement, les uns n'ont touché à rien, les autres ont rhabillé la bâtisse devenue méconnaissable à force de compléments. La leçon ? Chassez l'individualité, elle revient au galop.

Moi qui ai connu ces maisons simples et sobres, je les vois aujourd'hui racontant l'âme de leurs propriétaires : kistchissime ici, jansénistes là, bordel chez l'un qui accumule les carcasses de véhicules, château fort miniature chez tel autre qui arbore un drapeau normand sur une bâtisse entièrement recouverte de lambris clair, maison de poupée à tel numéro, pénates de célibataire quelques numéros plus loin, domicile adoré avec pelouse taillée par un coiffeur ou demeure perdue dans la végétation laissée à elle-même, ruines simili-romaines chez un tailleur de pierre ou habitation modeste qu'on ne remarque même pas. Chacun est là tout entier, raconté par sa demeure.

Sur le côté droit de cette même route se trouve un champ qui sert de terrain de football après avoir été utilisé un temps comme camping. Je n'ai jamais aimé le football, probablement parce que mon père ne s'intéressait pas au sport, au contraire de mon oncle qui en était féru, et plus particulièrement du vélo – il avait laissé dans le grenier de la maison une quantité phénoménale de *Miroir du cyclisme* dont les photos étaient imprimées en sépia. Il y avait devant la maison de mes parents un panneau d'affichage liseré de jaune sur lequel s'affichaient des signes cabalistiques concernant les rencontres et les équipes. C'était un lieu de verbigération ; il ne m'a jamais intéressé.

C'est au pied de ce tableau que j'ai régulièrement vu, lors des courses cyclistes du muguet organisées le premier mai, date de la fête du village comme je l'ai déjà dit, les ampoules brisées des produits que s'injectaient les coureurs de cette petite compétition de campagne... J'ai le souvenir de l'odeur d'embrocation qui accompagnait ces sportifs ainsi que du bruit causé par leurs chaussures à cale-pied métallique avec lesquelles ils se dandinaient comme des canards.

9

Je longe ce terrain de football vide de sportifs. Au fond, une famille semble pique-niquer sous un appentis. Des bruits me viennent de là-bas, je sais qu'il s'agit de ces gens simples et de leur bonheur simple, mais ces voix semblent emprunter celle des absents avec lesquels je me suis trouvé jadis sur ce terrain – souvent allongé dans l'herbe pour taquiner le grillon avec un brin enfoncé doucement jusqu'au fond de son terrier, ce qui le faisait sortir parce que, disait-on, ça le chatouillait...

Je regardais alors cet animal mystérieux avec la plus vive attention. J'expérimentais sans le savoir ce que dit Flaubert quand il invite à regarder longuement, fixement, attentivement quelque chose, n'importe quoi, jusqu'à ce que ce que l'on examine se métamorphose en autre chose : l'insecte marron devient alors une immense machine à tuer haute comme un immeuble, elle se fait menaçante avec ses antennes, inquiétante avec ses jambes d'acier sèches et tendues comme des arcs, avec ses crocs griffus le long de ses pattes, elle semble extraterrestre avec ses gros yeux globuleux à facettes, elle active des mandibules comme des faux qui cherchent à trancher, elle donne l'impression d'être enveloppée dans une carapace de métal sur le fuseau de son corps, deux petites cornes sourdent à l'extrémité de son abdomen, ses élytres sont un papier sur lequel sont dessinés d'étranges signes cabalistiques. Il faut faire vite pour le voir, le grillon est vif et rentre prestement dans son trou.

Le chant du grillon est associé pour moi aux grandes vacances, au soleil d'été, à la chaleur estivale, à la lumière brutale et blanche des mois de juillet et août, aux heures heureuses des quelques semaines de bonheur qui étaient les miennes entre deux années scolaires passées à l'orphelinat.

Il y avait là des copains du village dont l'un est mort jeune d'un cancer des testicules, un organe dont il avait fait un abondant usage tout terrain, en plus du tabac et de l'alcool qui étaient deux autres occasions chez lui d'une utilisation cul-par-dessus-tête... Le fils du charcutier, Jean-Marc, et sa sœur, Béatrice, un peu plus âgée que moi – je la convoitais alors, j'avais une dizaine d'années, elle ne devait pas savoir qu'on pût être convoité par un garçon... C'était une époque où je courais après les filles, mais où elles couraient plus vite que moi. Il m'a fallu attendre encore avant d'en attraper une qui filait moins rapidement – elle avait, il est vrai, presque deux fois mon âge, ceci explique cela... Ces voix d'enfants joyeux, heureux, gais, insouciants, dont je fus, je les entends toujours – il me suffit pour ce faire de longer ce champ, d'y entrer, d'aller vers la haie où je retrouve les grosses mûres noires et sucrées avec lesquelles je me tachais les doigts, la bouche, les dents, la langue : les voir, tout simplement, fait encore aujourd'hui couler dans ma bouche une salive pleine de ces saveurs intactes...

Il y avait là des vestiaires avec des bancs, le tout confectionné avec des planches sommaires et mal jointées. On voyait le jour et la lumière au travers. Aux patères étaient accrochés des débris de vêtements arrachés, maillots ou shorts, des chaussettes croupissaient dans les coins avec des papiers gras, de la très vieille poussière en quantité, de la terre séchée et transformée en poudre. Le volume de la pièce semblait en permanence saturé de sueur et de virilité facile, bien qu'elle fût ouverte à tous les vents. Je ne m'y suis jamais senti chez moi. Le dedans de cette cabane était un raccourci de la vie des hommes grégaires auquel je préférais le dehors des champs avec leurs hautes herbes qui ondulaient au gré des brises ou du vent et leurs insectes – fourmis et sauterelles, abeilles et frelons, mouches et moustiques, aoûtats et perce-oreilles, bousiers et hannetons, coccinelles et papillons.

10

Revenu sur la route, en direction du chemin de la Garenne, il faut désormais composer avec un micro-mémorial destiné à célébrer la fin de la poche de Falaise à Chambois. Il y eut là, dans ce village marqué au fer rouge, des tonnes de matériel militaire, des norias de chars d'assaut, des milliers de soldats au combat, puis en déroute, une quantité sans nom de véhicules barbouillés de peinture de camouflage, des canons tractés par des chevaux, des bombes larguées par les aviateurs, des carcasses de tôle et de chair humaine, des feuilletages faits de cadavres de chevaux, de dépouilles de soldats et de fleurs de métal militaire explosé, le tout dans ce que l'on appelle depuis « le Couloir de la Mort » ; il y eut du sang en quantité, en ruisseaux, en rivières, en flots : sang de vache et de soldat, sang de cheval et de guerrier, sang de chien et de jeunes hommes venus du monde entier ; il y eut des maisons détruites et des familles mutilées, des cultures ravagées et des champs crevés par des avions détruits en combats aériens après qu'ils eussent chuté dans les blés ; il y eut dans ce charnier d'après le 17 août, date de la fin des hostilités à Chambois, une puanteur si forte que le prince Jean de Luxembourg qui survolait le village a été obligé de grimper dans les airs avec son avion pour éviter de défaillir. Cet été 1944, mon père qui était présent sur place m'a dit que la fournaise était telle qu'il a vu rire aux éclats des Américains en train de cuire des œufs sur le capot d'une carcasse de jeep tant elle était portée à blanc par un soleil insolent.

Quelque temps plus tard, mon père, qui avait aidé à creuser des charniers et à déplacer les cadavres dans d'immenses fosses communes avec les chevaux et un charretis de la ferme dans laquelle il était ouvrier agricole, a été sollicité par une commission allemande qui venait récupérer les corps des soldats du Reich. Il les a conduits sur place. Il désignait les lieux. Sur l'un d'entre eux, il y avait une famille qui avait déplié une nappe blanche et cassait la croûte sur l'herbe...

Quelle mémoire garder de tout cela? Car: que dire des «poules à boches» comme on s'exprimait encore chez moi? J'en ai connu qui étaient restées dans le village bien qu'ayant été tondues à la Libération. Que dire des deux collabos qui ont été la langue et les yeux, les jambes et le cerveau de l'occupant nazi – Taupinard et Bourgoin qui ont échappé à la mort en quittant le village – dont l'un pour la Corse? Que dire de ceux qui, dans leur ferme, ont vendu, les yeux baissés pour certains, leur lait, leurs œufs, leur beurre, leur crème, leur viande, leurs volailles aux Allemands pour vivre et survivre? Que dire de celle qui, quelques mois après la Libération, a donné le jour à un joli bébé blond qu'a découvert son mari prisonnier quand il est rentré du stalag – et qui n'a jamais rien dit ni reproché à sa femme? Que dire des auteurs de lettres anonymes qui dénonçaient tel ou tel – et de cette femme qui avait donné son mari afin de pouvoir refaire sa vie avec son amant et qui vit un jour revenir son époux vendu par elle et libéré des camps? Que dire des résistants de la dernière heure, les F.F.I. (Forces Françaises de l'Intérieur), plus zélés pour une épuration qui ne faisait pas de quartiers et qui ne manquait pas de servir à régler des problèmes d'inimitié personnelle dans lesquels l'argent et le sexe, autrement dit : la terre et les femmes, tenaient les rôles principaux ? Que dire de ceux que mon père a vu arracher des dents en or dans la bouche des cadavres qui constellaient la campagne alentour ? Que dire des victimes civiles enterrées sous les décombres, des enfants qui découvrent des morceaux de leur mère qu'on sort d'une maison effondrée ? Car la guerre c'est ça, rien que ça, rien d'autre que ça : une surenchère dans laquelle l'homme montre ce qu'il est capable de faire de pire à son semblable.

À quoi bon ce micro-mémorial de trois francs six sous fait d'une ridicule pièce d'artillerie et d'un panneau explicatif ? Faut-il effectuer ses dévotions et faire ses ablutions devant du matériel militaire qui sert à tuer des hommes pour se souvenir ? Et se souvenir de quoi ? Que ce conflit a signé la fin d'un monde et l'avènement en France du mode de vie américain – dont Jacques Tati nous a montré dans son génial *Jour de fête* tout ce qu'il fallait en penser. Et ce dès 1949...

Cette manie commémorative témoigne que nous n'avons plus d'autre avenir que le passé, que notre présent n'a désormais de vérité et de réalité que dans ce qui fut. Célébrer la guerre et ses instruments, c'est faire la part belle à la pulsion de mort, c'est tourner le dos à la pulsion de vie. Plutôt dix mètres carrés d'herbes folles avec leurs animaux en liberté que ce funèbre attelage ! Le papillon jaune citron qui passe furtivement sur les lieux me semble un hommage supérieur.

11

La route descend doucement. C'est la fin du village et du goudron. Le ruban continue vers Gacé. C'est alors que, sur la droite, on entre dans le chemin de la Garenne. C'est ici que commence cette géographie poétique qui m'a construit – parmi d'autres expériences vécues dans cette nature : la rivière et son lavoir, le champ de mon père qui fait moins d'un hectare et les terres travaillées par lui, la forge d'un maréchal-ferrant qui m'a montré ce qu'était celle de mes ancêtres à Chambois, autrement dit : l'eau, la terre, le feu.

Jadis le chemin était en terre ; il est aujourd'hui vaguement goudronné sur quelques mètres car quelques maisons ont été construites probablement en dehors des règles de l'art, mais tant pis : ce sont de grandes cabanes plus que des maisons, un mélange de garage et de débarras, d'habitation et de chalet. Elles sont entourées d'un capharnaüm de choses en attente, d'objets en souffrance, de débris divers, un peu dans l'esprit des architectures de l'art brut. La vie y est pleine et entière : Dionysos,

Bacchus et Pan pourraient y avoir installé leurs pénates. Elles sont à mi-chemin de la maison policée et de la hutte mal peignée du misanthrope.

Le chemin surplombe des champs dont les volumes me ravissent. J'ai toujours aimé les courbes de terre des herbages bas-normands. Dans le coin, aucun relief n'est agressif, pierreux ou tranchant, pas de rochers ou de falaises, pas de précipices ou d'éminences. Le pays d'Auge s'arrête à l'entrée est de Chambois – en venant de Vimoutiers. Le village est un point de jonction. Quand on le quitte pour aller vers l'ouest, on entre dans ce qu'il est convenu d'appeler la plaine d'Argentan. Les vibrations géologiques du pays d'Auge qui s'arrêtent dans la plaine d'Argentan sont comme des vagues dont les mouvements ont été figés par le temps dans ces paysages autour du village : des ondulations voluptueuses, des courbes douces, des sinuosités tendres.

J'ai longtemps ignoré le sens véritable du mot « riant » que les mauvais poètes utilisent à tout bout de champ pour caractériser tel ou tel endroit de la province. Il n'est pas de vers de mirliton qui ne parle de campagne riante, de rivière riante, de vallon riant. Or je méconnaissais l'un des sens induits par celui que tout un chacun connaît : ce qui fait rire est riant, ce qui donne de la joie est donc riant lui aussi, un paysage peut donc l'être également quand on ressent du plaisir, de la joie et du bonheur à le regarder. Ce que je vois est donc riant...

Des moutons bêlent. Ils paissent au bord de la Dives. L'un d'entre eux vient vers moi. Deux ou trois le suivent. Puis tous... Je songe, évidemment, au panurgisme des hommes : c'est tout ce que je déteste chez les humains... Mais, chez les animaux, j'en suis ému et touché. Ils viennent sans crainte vers les hommes qui les élèvent pour les tuer et les manger. J'y vois en raccourci une métaphore de la nature humaine : l'art de se précipiter du haut des falaises qu'on associe à ces bêtes qui ignorent la méchanceté rend assez bien compte des mouvements browniens des mammifères dits supérieurs. Ils sont promis à la boucherie – nous sommes nous aussi destinés à l'abattoir ontologique, beaucoup veulent l'ignorer, je le sais.

Dans les haies, nous sommes mi-août, les ronces portent déjà leurs premières mûres bien noires. Quelques autres sont encore rouges. Leçon de choses, là encore : dans un même lieu, avec une même terre, nourris avec les mêmes racines, disposant d'un même ensoleillement, dans la même grappe, au même âge, certains fruits sont mûrs, d'autres non. L'inégalité est inscrite dans le cœur même de la nature. Voilà probablement pourquoi notre époque qui hait l'inégalité déteste la nature : elle montre ce que l'idéologie empêche de voir.

Mais cette inégalité ne dit rien d'autre qu'une différence mise en tension. Car, les mûres prêtes à manger sont supérieures de ce point de vue, mais inférieures s'il s'agit de prendre en considération la durée de leur vie. Quiconque voudra faire des confitures ou de la gelée prélèvera les baies les plus sombres en interrompant de la sorte leur vie pendant que celles qui seront restées rouges pourront jouir plus longtemps du pur plaisir d'exister – de leur volonté de puissance. Elles auront eu plus longuement de la sève et du soleil, des nuits de lune et des chaleurs estivales, de l'eau des sous-sols et des caresses d'insectes.

J'en cueille quelques-unes, je les porte à ma bouche, mes doigts sont violets, comme l'encre des écoles d'antan. Les grains craquent sous mes dents, le jus emplit ma bouche, il parfume mon âme, je deviens tout entier ce jus chaud et sirupeux, ce sucre noir et cette chaleur d'été. Il faudra attendre septembre pour que les mûres aient atteint leur maturité dans leur totalité. Leur goût, plus chargé en soleil, donc en sucre, sera alors moins acide, plus capiteux, plus profond, il sera plus en bouche liqueur épaisse et concentré de fruit.

Cueillir des mûres ne va pas sans s'égratigner la peau : d'abord le dessus de la main, puis l'avant-bras. La réaction épidermique ne se fait pas attendre et la ligne dessinée par l'épine va s'ourler d'une toute petite tranchée dans laquelle le rouge du sang va affleurer puis perler si la piqûre a été plus profonde.

Je me souviens des marquages de la nature sur mon corps d'enfant : les cloques auréolées de blanc des orties urticantes, les réseaux de lignes rosées de sang des écorchures de ronces, les boutons rouges des aoûtats au pouvoir terriblement venimeux si l'on en juge par la relation entre leur taille et la virulence des démangeaisons qu'ils occasionnent. Il y avait aussi les doigts tachés par le jaune de la chélidoine coupée qui perlait à l'endroit de la section – une larme dont on dit qu'elle soigne les verrues. Ces tatouages éphémères prouvaient aux corps qu'ils étaient bel et bien en vacances.

12

Plus avant sur ce chemin, je reconnais un renfoncement dans la végétation. Il rappelle qu'il y eut là un genre d'éclaircissement volontaire des broussailles pour aménager une fausse clairière. C'est ici qu'un menuisier qui était aussi chantre à l'église du village, et clarinettiste d'occasion, avait installé ses ruches – le père Fauvel.

L'été, quand on passait à quelques mètres de ses essaims, on entendait le bruissement des abeilles.

Comme tous les animaux, serpents compris, aucun n'est jamais agressif sans raison. L'abeille pique et le serpent mord quand on les surprend, quand on les gêne, quand un geste de nous leur semble une agression. Si nous ne les agressons pas, ni les mouches à miel ni les vipères n'activent leur venin qui est toujours une substance défensive, jamais offensive a priori. On peut alors laisser les abeilles se poser sur nos mains, nos bras, nos jambes, nos visages sans craindre quoi que ce soit, jamais. C'est parce qu'on panique, qu'on fait un geste de la main ou du bras pour chercher à les faire fuir, qu'elles enfoncent leur dard. Il faut bien qu'elles sentent un danger pour réagir de la sorte puisque chaque abeille qui injecte son venin voit son appareil toxique arraché de son corps, ce qui entraîne sa mort à tous les coups. Une abeille qui pique se tue ; elle ne s'ôte jamais la vie sans une bonne raison.

Les ruches ne sont plus là, les abeilles non plus, le miel fait défaut. Le père Fauvel vendait ses pots à la boulangerie du village. C'est ici qu'un matin avant l'école, il devait être vers sept heures et demie, ma mère m'avait envoyé chercher du pain et du miel. J'avais six ou sept ans. Je suis entré dans le magasin qui sentait le pain et les croissants à plein nez. Mon institutrice a alors poussé la porte de la boutique – c'est la même aujourd'hui... C'était pour moi comme si Dieu m'était apparu lors de la messe du dimanche. Je lui ai cédé ma place ; elle n'en a rien fait. J'ai pris le pain et le miel et, lors de ma commande, elle a trouvé que du miel, c'était une bonne idée, avant d'en acheter un pot elle aussi... Je suis sorti de ce paradis parfumé aux odeurs de fournil sur un petit nuage. Quelques minutes plus tard, j'étais sur le banc de sa classe où elle enseignait sur trois niveaux dans la même pièce...

Mon père aimait les abeilles et me disait d'elles ce que Virgile en raconte. Il n'est pas impossible que, dans cette école où je suis allé moi aussi, on lui ait lu ou fait lire les *Géorgiques* dans l'anthologie des grands textes avec laquelle il apprit à lire, écrire et penser – c'était bien dans l'esprit de l'école républicaine. Leur génie propre, leur sagesse pratique, leur caractère industrieux, leur sens de la communauté, de la famille, leur abnégation au travail, leur obéissance aux lois de la nature, la fameuse nécessité des philosophes, leur capacité à faire une communauté avec des individualités : les abeilles semblaient un concentré de la sagesse empirique que mon père m'enseignait.

Le clarinettiste édenté qui n'avait plus que deux ou trois chicots et qui m'a invité un jour à souffler dans son instrument abîmé et crasseux alors qu'il venait de baver copieusement sur l'anche deux secondes auparavant ne fit pas de moi un musicien ; pas plus que son rôle de chantre n'a fait de moi un bigot de l'Église catholique, apostolique et romaine ; mais l'apiculteur qu'il fut m'a donné une leçon d'athéisme sans le savoir...

Il m'avait raconté la vie des abeilles, leur langage, leur capacité à penser l'espace et la géographie, les fleurs et leurs potentialités. J'avais vu avec lui les sacs de pollen jaune accrochés aux pattes des petits animaux. Puis il m'avait également appris deux choses : la première c'est qu'à la mort de l'apiculteur, on enveloppe les ruches d'un crêpe noir et que l'héritier des essaims leur dit : « Abeilles, vous avez changé de maître. » Cette façon simple qu'ont les hommes de parler aux animaux et de s'en faire comprendre comme s'ils étaient leurs semblables m'a toujours ravi. Je ne crois pas à la vérité scientifique de cette assertion, mais je souscris à sa vérité poétique.

Cet homme pieux, sinon bigot, m'avait également dit que les abeilles étaient « des bêtes à bon Dieu » – on le dit aussi des coccinelles. De sorte qu'il ne faut jamais jurer en leur présence sinon, comme un seul homme, elles sortent de la ruche, s'attaquent au blasphémateur, le piquent et le tuent...

Moi qui n'ai cru en Dieu qu'aussi longtemps que j'ai souscrit à la fable du Père Noël, je n'ai guère consenti. Mais rien de tel que l'expérience en philosophie pour parvenir à des certitudes sur lesquelles on peut construire ses édifices conceptuels. Il m'était donné de disposer d'une preuve de l'existence de Dieu – ou de son inexistence. Comment aurais-je pu me priver de l'usage d'une pareille méthode ? Le risque était nul, puisque je ne croyais pas. Mais si j'avais tort, il était tout de même grand. J'avais neuf ou dix ans. La mort n'est guère tangible à cet âge, mais elle habitait déjà mes réflexions. Il fallait procéder avec méthode : un petit juron de rien du tout ne me vaudrait, dans l'hypothèse infime d'une existence de Dieu, qu'une peine proportionnée – disons cinq ou six abeilles, mais pas toute la ruche... J'ai souvenir d'avoir trouvé une offense légère, peut-être un petit « merde » proféré debout sur les pédales de mon vélo pour assurer ma fuite en cas de besoin ; puis une offense plus importante et ce graduellement ; enhardi par l'indolence des bêtes à bon Dieu assez peu réactives (deux ou trois qui tournoient dans l'air laissent imaginer que peut-être la légion se constitue, mais sans suite...), j'avise un cran au-dessus. Rassuré par le souverain mépris des abeilles, je me souviens qu'il y eut ensuite un « bordel de bon Dieu » franchement réitéré qui avait l'avantage de la grossièreté et de l'attaque *ad divinum*, puis de la provocation déterminée : rien, rien du tout, pas l'ombre d'un dard. Je crus alors pour de bon que Dieu n'existait pas avant que, rattrapé par la crainte, je me dise qu'il pouvait tout de même bien exister et que l'erreur soit du côté de l'apiculteur... Mais j'ai vite douté de mon doute et jamais des abeilles.

13

La petite clairière aux abeilles se trouve sur le chemin qui longe et surplombe la Dives. On ne la voit pas, mais on l'imagine. La végétation qui épouse ses rives, ou ses flancs quand elle est un peu encaissée, témoigne de sa présence. Elle prend sa source non loin, à Courménil, et se jette dans la Manche cent seize kilomètres plus loin, à Dives-sur-Mer, là où, en 1066, Guillaume le Conquérant a concentré son armée en prévision de l'invasion de l'Angleterre.

Son nom témoigne, elle fut Divine. Les premiers habitants ont probablement fait de cette source qui jaillit dans les broussailles un signe des dieux. Cette petite source qui devient une rivière côtière avant de se jeter à la mer avec l'aide d'un grand estuaire n'est pas sans mystère pour des hommes attentifs à ce que la nature leur enseigne.

Tous les villages qu'elle traverse ont été construits sur elle, pour elle, avec elle. Elle apporte les forces et les énergies : le courant sur lequel on peut poser une embarcation ou les poissons, sinon les anguilles, qu'on peut y pêcher. Mon ami d'enfance Ghislain qui est resté au village pour y vendre des livres anciens émet l'hypothèse qu'elle était navigable. On peut alors imaginer que les Vikings ont glissé sur elle avec leurs bateaux à fond plat, les snekkars, les drakkars et autres navires qu'ils sortaient parfois de l'eau pour les porter jusqu'à un endroit où la navigation pouvait reprendre.

S'il existe à Chambois un donjon qui témoigne aujourd'hui de l'existence au XIe siècle d'un château fortifié, c'est bien que les voies de passage, par la route ou par les eaux, étaient actives en ces temps-là. De tels édifices étaient destinés à garantir une circulation importante.

Cette rivière qui eut une grande histoire effacée des consciences en a une autre qui, aujourd'hui, ressemble à notre époque : j'ai connu la Dives poissonneuse et vivante, avec une flore sous-marine fraîche et verte, ondulante et grasse comme les herbes de la prairie. On y trouvait de petits escargots d'eau douce ou des lamproies ventousées. J'y pêchais sur le pont du village des vairons avec lesquels ma mère faisait des fritures, des barbeaux qu'on appelait aussi des poissons-chats avec leurs barbes de chair aux côtés de la bouche, des truites sauvages dont le dos luisait à la lumière quand on les sortait de l'eau qui faisait scintiller leurs couleurs – un mélange de points d'argent et d'orange, de bleu et d'acier sur une robe grise. Des pêcheurs plus aguerris sortaient parfois de grosses anguilles noires qui résistaient au couteau et au dépeçage qu'il fallait effectuer en tirant la peau de l'animal que l'on tenait dans un papier-journal avec une pince de mécanicien... Quand elle avait perdu la tête, ses viscères, sa peau, la bête préhistorique continuait à bouger comme un serpent... Acéphale, réduite à la nudité de sa chair, une électricité excitait encore et pour un long temps ce long muscle serpentin. J'y ai vu, là, ce que c'est que la *volonté de puissance*, pour parler le langage de Nietzsche, sinon l'*élan vital* pour emprunter sa formule à Bergson. Un jour que la Dives avait été mise à son étiage le plus bas, pour des travaux sur les piles du vieux pont, une pelleteuse qui creusait le lit de la rivière a mis à la lumière un gros nœud d'anguilles comme il y a des nids de vipères. Je n'oublierai jamais ce grouillement vitaliste qui n'en finissait pas. L'intimité de ces animaux avait été troublée, ils se contorsionnaient, s'enroulaient : il n'y avait plus là qu'un paquet de nerfs primitifs, de viandes antédiluviennes, d'énergies contemporaines d'un monde dans lequel l'homme n'était pas encore apparu.

J'ai connu ensuite la Dives tuée, massacrée, polluée. Elle ne s'en est jamais remise. Le fameux

« monsieur Paul » n'est pas pour rien dans ce crime. Les eaux usées de la fromagerie, dont celles qui charriaient les produits toxiques des nettoyages avec des produits d'une haute dangerosité, étaient directement envoyées dans la rivière. Ajoutons à cela que les cinq cents hectares de sa ferme ont été abondamment traités par des produits chimiques qui se sont déversés dans la Dives et dans les nappes phréatiques. C'est notamment mon père qui, hélas, a passé des heures sur son tracteur à épandre ces engrais avant que le patron ne fasse appel à une société aérienne pour réaliser les épandages.

Ainsi polluée par l'usine et l'exploitation agricole, la Dives est morte : la faune et la flore ont disparu. Il n'y a plus eu au fond de la rivière que des pierres couvertes d'un genre d'algue verdâtre et filandreuse, un mucus qui a tout recouvert, une pellicule grasse, marronnasse. Plus question d'y trouver quoi que ce soit de vivant. Sauf au moment où la fédération de pêche verse à la rivière un quota de truites élevées aux farines animales. Elles ont été nourries aux antibiotiques, aux cadavres de leurs semblables dans des bassins en plastique et elles sont mises à l'eau vive pour la première fois quelques jours avant l'ouverture de la pêche. Elles sont tellement tétanisées, perdues, qu'elles ne bougent pas de l'endroit où on les a versées. Elles subissent sur place la gîte et le tangage d'un petit courant. Il suffit de poser son hameçon emmanché d'un morceau de ver de terre devant le nez de l'animal pour essayer d'en sortir une de l'eau. Pour celles qui échappent à la curée, leurs peaux se constellent de taches blanches, elles penchent sur un côté, elles survivent quelque temps dans une eau toxique et crèvent bien vite. On voit leurs charognes pourrir, coincées dans une anfractuosité de la berge. Les rats les mangent.

À la pollution s'ajoute l'impéritie des élus qui craignent les associations d'écologistes qui ont appris la nature dans les livres – ou à l'université, sinon sur internet... – et qui font la loi. Il y avait dans le lavoir de Chambois des vannes qui permettaient d'obtenir une rétention d'eau assurant une hauteur entre plus et moins un mètre. Cet étiage permet à la faune et à la flore d'exister.

C'est dans cette Dives que les lavandières faisaient la lessive avec du savon de Marseille, à genoux sur leur caisse qui était accrochée le reste du temps sur le mur du lavoir. Elles donnaient de grands coups de battoir sur le linge. Elles lançaient les draps qui se gonflaient d'air avant d'atterrir sur l'eau, elles les ramenaient vers elles pour les battre encore, les rincer, les essorer, les tordre, les sortir de l'eau et les poser en boudins sur une poutre de bois installée devant elles. Puis elles repartaient vers leurs maisons en poussant devant elles des brouettes chargées de bassines débordant de linge propre.

C'est également dans cette même Dives que nous descendions en slip après le départ des lavandières. Car il arrivait parfois que de petites pièces tombent des poches de pantalon qu'elles retournaient pour les laver. Il suffisait alors d'aller les chercher pour acheter des bonbons et, plus tard, des cigarettes. Nous y pataugions, nous y barbotions, nous faisions semblant de nager, il nous arrivait parfois de faire des radeaux avec des chambres à air de voiture ou de tracteur chinées chez les garagistes. L'un d'entre eux nous prêta des matelas pneumatiques et même un petit bateau siglé « Fina », la marque de l'essence qu'il vendait.

C'est enfin dans cette Dives que j'ai vu passer des couleuvres et apprécié leur façon élégante de nager : la tête légèrement hors de l'eau, relevée, le nez au vent, et le reste du corps ondulant et créant des vagues elles aussi gracieuses derrière elles. Il se peut que ces couleuvres aient été des vipères, mais mon père m'avait appris à les reconnaître – la tête ovale et fine de l'une, triangulaire et massive de l'autre, le corps long et fin des premières avec une queue qui s'affine, et le corps court et massif avec une queue qui s'arrête brutalement pour les secondes.

Bien sûr, il n'y a plus ni lavandières ni vairons,

ni bouées de fortune ni cris d'enfants, ni gastéropodes d'eau douce ni lamproies suceuses... Car ces fameux écologistes ont souhaité que les vannes soient levées afin de permettre la remontée des saumons. Or il y a un problème, c'est que de mémoire de Chamboisien, il n'y eut jamais de saumons dans la Dives !

À Chambois, la Dives n'est plus qu'un ruisseau qui se fraie son passage dans l'ancien lit de la rivière. De sorte que là où il coule, il n'est jamais plus haut qu'une trentaine de centimètres pendant qu'alentour dans le tracé ancien la terre reprend ses droits : on y trouve des cailloux, des alluvions, de la végétation, des herbes, mais aussi des arbustes... Après les industriels et les exploitants agricoles cyniques, l'écologie tue la Dives.

Jadis il y avait de formidables inondations. Tout le village regardait la Dives qui passait par-dessus le pont, rentrait dans les maisons, et envahissait le village jusqu'aux marches de l'église. J'ai souvenir d'avoir vu dans la cuisine de la maison qui est devenue la mienne la table flotter et les chaises aussi...

Un bassin de rétention a été creusé en amont. Il effectue correctement son travail et empêche désormais toute crue intempestive. Mais officiellement, la zone est toujours classée inondable, donc, en prévision de ce qui ne viendra plus, on laisse les vannes ouvertes – l'administration a décidé d'empêcher ce qui techniquement ne pourra plus se reproduire et elle y tient...

C'est ainsi que polluée, intoxiquée, ravagée, réduite au filet d'eau, vidée de toute vie, remplie de poissons qui sont des morts vivants pour la seule satisfaction de pêcheurs déguisés en commando de marine, la Dives qui fut divine expire, crève, meurt. Je ne regarde jamais sans peine ce que les hommes ont fait d'elle alors qu'elle a tant fait pour les hommes depuis des siècles...

14

Le chemin de la Garenne est donc une boucle écrasée que traverse la Dives en son centre. Lorsque l'on se trouve sur le pont de la Dives, on franchit le Rubicon ! On passe en effet de Chambois à Fel. Les deux communes sont sœurs ennemies. Fel fut de gauche : les noms de rue en témoignent encore – République, Émile-Zola, Émile-Combes, Léon-Gambetta, Général-Sarrail, un radical-socialiste franc-maçon. Lors du Front populaire, le maire était radsoc et frère trois points ; il a donc obtenu pour Fel un château d'eau l'année suivante. L'édifice est toujours là, floqué d'un magnifique : 1937 !

Chambois a refusé le raccordement et fait savoir haut et clair son refus de « l'eau rouge » ! Chambois se trouve sur le canton de Trun, Fel sur celui d'Exmes. Les guerres picrocholines n'ont cessé. Quand j'ai installé l'Université populaire du goût à Chambois, les gens de Fel l'ont boudée ; quand elle est passée à Fel, les Chamboisiens ont estimé que je trahissais et la bouderie a changé de camp... Rien ne sépare pourtant les deux villages, on entre dans l'un et on quitte l'autre sans même s'en apercevoir. Il y eut des velléités de réunification. Le processus fut entravé plusieurs fois. Certains propriétaires terriens installés à Fel ont estimé qu'il y avait tout à perdre à fusionner avec Chambois qui est moins dotée de paysans riches... Pour l'heure, le couteau bien effilé de l'État français a tranché : il n'y a plus de Chambois et plus de Fel mais un vaste regroupement de communes hétérogènes réunies de force sous le nom de Gouffern-en-Auge – une hérésie géologique, donc géographique, donc historique : Gouffern est une forêt qui n'est pas dans le pays d'Auge qui, lui, ignore les bois et les futaies au profit des collines et du bocage. C'est le mariage de la carpe et du lapin qui a, sur le principe de l'huître et des plaideurs, réglé le problème. Gouffern-en-Auge est une idiotie du genre Bordeaux-sur-Seine...

Sur le petit pont que j'ai connu ancien et sommaire, mais qui est devenu un ouvrage bétonné, probablement estampillé par l'Europe, passe donc une frontière qui n'est pas rien ! Dans le village, on croit que la rivière sépare les deux villages mais c'est le bief, aujourd'hui à sec, qui constitue la véritable ligne de démarcation. Dans Chambois, la Dives est à Chambois...

Ce chemin de la Garenne est donc constitué d'une partie *chamboisienne* qui se nomme « Les Cornets », elle va des moutons au pont ; puis d'une autre partie *féloise* (les Chamboisiens disent : *fêlée*...) qui s'initie avec « Le Moulin de Fel ». Or, de moulin, il n'y en a point... Il y en eut, c'est sûr, la toponymie est une longue et fidèle mémoire, mais il n'y en a plus. Précisons au passage que, s'il y eut un moulin sur ces terres, c'est que la force motrice de la rivière le permettait... Aujourd'hui, un petit moulin d'enfant y trouverait à peine sa force.

15

S'il faut descendre pour rejoindre le pont, on monte après l'avoir quitté. Sur le côté droit, il y avait une source sublime : elle était glacée, transparente, claire et profonde. J'en fis l'expérience quand j'aperçus au fond de cette eau pure un squelette parfait de grenouille. C'était l'époque où, sous l'influence de mes lectures de Jean Rostand, au collège, je voulais être biologiste – je ne le sus que plus tard, mais ce qui me plaisait chez cet homme était moins le biologiste que le vieux sage à lunettes qui philosophait en humaniste rempli de bon sens. Son étang de Ville-d'Avray rempli de batraciens dont certains avaient muté et étaient devenus monstrueux me séduisait intellectuellement. La métamorphose m'a toujours plu. À l'époque, le chat de la maison avait fait une portée dans laquelle il y avait un monstre. Je l'avais placé dans un bocal de formol. Je collectionnais des pierres et des coquillages, des animaux crevés et séchés ramassés sur les bords de route. Je souhaitais ajouter ce squelette en parfait état de marche, blanc comme neige et articulé comme un jouet, à mon cabinet de curiosités installé sur une étagère improvisée derrière la porte du garage chez mes parents. J'ai plongé la main dans l'eau qui s'est avérée terriblement froide, puis j'ai avancé le bras, je l'ai plongé encore, j'étais presque mouillé jusqu'à l'aisselle et je voyais ma main très loin de l'objet convoité. J'ai compris que l'extrême pureté de l'eau m'empêchait d'apprécier réellement la distance. Les os de cette grenouille doivent se trouver à plusieurs centimètres sous les sédiments fabriqués par le temps – les feuilles tombées à l'automne, pourries, décomposées, l'humus, la terre lui font une sépulture dans laquelle la matière de ce qui fut vivant retrouve la matière de ce qui reste vivant.

La source est aujourd'hui perdue dans un taillis. Peut-être même est-elle recouverte de pierres, de terre ou de n'importe quoi qui l'aura effacée au regard des hommes. J'ai envisagé quelques instants d'aller dans ce fouillis de végétation retrouver l'eau pure. C'était inenvisageable. L'eau dormante garde son secret.

16

Quelques pas plus loin, il faut prendre à droite : nous sommes à l'extrémité de cette ellipse que suppose le tour de la garenne. On revient sur ses pas, mais avec un autre chemin. Là où l'on oblique se trouvent deux ou trois maisons appartenant à une même famille dont je connais tel ou tel, croisé et salué lors de ma marche. Ils ont des trognes de héros de Maupassant. J'aime ces visages taillés à la serpe dans des chênes millénaires.

On approche alors la fameuse garenne qui donne son nom à ce chemin. La garenne, on le sait, est un lieu où pullulent les lapins du même nom. Je n'ai pas souvenir d'en avoir vu en quantité. Un peu dans les champs, du côté de la « Tourelle » et de la « Ponteille », les champs qui bordent le chemin de la Garenne, mais pas plus que ça.

Cette garenne était en fait un petit bois, une forêt

miniature aux proportions idéales pour les enfants que nous étions. Elle était privée, mais jamais nous n'eûmes à faire face à des gardes-chasses ou à un propriétaire sourcilleux. C'était un terrain de jeu magnifique pendant les vacances d'été. Il n'y avait aucun gros gibier, cerf ou sanglier, daim ou biche, aucun serpent qui s'y serait égaré, ni vipère, ni couleuvre, ni orvet qu'il m'arrivait de voir dans les chemins alentour. On y trouvait de minuscules fraises des bois, denses en tout – un rouge très vif et une puissance de goût concentrée.

Quand je fis mon service militaire dans l'infanterie de marine au 2° RIMa d'Auvours, près du Mans, nous accumulions les vexations, les brimades, les marches de nuit, les réveils en sursaut à trois heures du matin pour partir dans des combats fictifs avec les « Popov », les ordres donnés pour que nous nous jetions dans les fossés remplis d'orties sous prétexte que les chars russes arrivaient et autres joyeusetés républicaines... Après une nuit passée à dormir dans le froid et l'humidité d'une forêt, avec un fusil dans le sac de couchage qui me bourrait les côtes, je me suis réveillé trempé de rosée, frigorifié, piqué par les moustiques, le nez dans un plan de fraises des bois. Je les ai cueillies, mangées et j'y ai puisé une incroyable force venue du plus profond de ma psyché. Je m'en souviens comme si c'était hier.

La garenne nous semblait immense ; elle est en réalité un petit bois. J'avais souvenir qu'on pouvait s'y perdre ; c'est en fait un espace plus petit que j'avais mesuré à l'aune de mes instruments d'enfant. C'était une jungle avant-hier ; c'est un sous-bois modeste.

J'y entends encore les cris des enfants que nous étions : ceux de Chambois qui se battaient contre ceux de Fel. Il me revient à l'esprit que j'avais emmanché une lame de couteau au bout d'un scion transformé en lance et que j'avais voulu jouer au malin en envoyant mon javelot de fortune à cinquante centimètres des pieds du chef de la bande d'en face pour lui barrer symboliquement le chemin... On a lu Clausewitz, ou pas... Bien mal m'en prit, car ces instruments n'ont qu'une seule précision : celle de leur utilisateur. La lame s'est directement fichée dans le pied du cador de la tribu adverse ! Il a crié, levé sa jambe de douleur, puis posé son pied sur le sol, toujours en hurlant : c'est alors que le sang est sorti de sa chaussure... Je crois que tout le monde est parti. Que personne n'est mort. Et que ce haut fait mit fin à cette guerre des boutons dans laquelle il m'est arrivé à moi aussi de faire couler mon sang après qu'on m'eut cogné la tête sur le sol de la désormais connue impasse du Plénître...

Quand je suis entré dans la garenne, l'allée était

comme on imagine une allée, toutes les allées, n'importe quelle allée : un chemin couleur de terre coupe une petite futaie dont les arbres graciles grimpent comme des cierges païens vers le cosmos ; ils sont vibrants par leurs troncs noués le long d'une ligne de force verticale invisible ; ils sont côte à côte mais solidaires, mon corps sent qu'ils ressentent ; le vent très léger souffle à peine, il fait juste bouger doucement les arbres à mi-hauteur et les cimes plus franchement ; ceux du bord sortent d'une verdure riche ; la lumière est là, c'est la même depuis des siècles : elle troue les feuillages qui éparpillent la luminosité, elle explose en un bouquet de clartés dont chacune vit de sa propre énergie. Le bois me semble éclairci. Peut-être a-t-il été exploité avec arrachage et plantations nouvelles, à moins que des coupes aient été faites ici ou là afin de faire respirer l'ensemble. Je ne reconnais ni les essences ni la puissance.

Je sais bien pourtant que je ne pénètre pas dans la garenne mais dans mon enfance... Il est normal que ce petit bois n'y soit plus comme il fut puisque celui qui la faisait, l'enfant que j'étais, n'est plus. Ce qui est resté en moi de cet enfant que je fus est perdu. Même s'il en reste autant qu'il peut en rester. Je suis dans un bois mort.

Au bout de cette allée, j'avise une clairière ; je n'avais pas souvenir d'une clairière, mais d'un genre d'immense concavité faite d'arbres sous laquelle il y avait un gros tronc mort allongé sur lequel on pouvait s'asseoir, faire silence, écouter le chant des oiseaux, s'entendre respirer, sentir son cœur battre dans ses oreilles, regarder le jeu des clartés tendre et détendre ses filets de lumière.

Plus j'avance, plus je découvre que cette clairière a été faite de main d'homme. J'imagine la tronçonneuse... Je m'arrête alors au milieu de cette allée : quelques mètres plus loin, le propriétaire y a installé une caravane, elle est près d'un appentis sous lequel il y a une table, des chaises. Je ne veux pas avancer plus loin. D'abord par respect pour ceux qui ont arrangé ce lieu et ensuite pour ne pas blesser en moi l'enfant qui regarde, ébahi...

Je sors de la garenne comme on sort de l'enfance. Sans tourner le dos, en avançant, déterminé. La garenne qui est en moi n'est pas morte, c'est ce qui importe. J'entends encore les cris de joie qui partent vers ce qui me semblait une vaste canopée, je me souviens des coulées de soleil qui passaient par les feuillages, je n'ai pas oublié les poussées de vie dans mon corps d'alors, les énergies confondues de ce que j'étais et de ce dans quoi j'étais.

17

Porté par cette mémoire comme une feuille par la brise, je retrouve le chemin qui longe les champs dans lesquels mon père travaillait. D'ici on voit les lieux qui furent les siens pendant si longtemps. Le Logis était l'endroit où il déposait sa mobylette dans une petite cave qui jouxtait les hangars du matériel agricole et le Gué nommait la ferme, un peu plus loin, où se trouvaient les vaches et les cochons. C'est entre le Logis et le Gué que mon père, trentenaire célibataire, a rencontré ma mère. Elle travaillait dans une autre exploitation agricole dans laquelle monsieur et madame Moche, c'était leur nom, élevaient des chevaux. Elle y était, comme on disait alors dans une terrible expression, « bonne à tout faire ».

Le chemin de la Garenne descend, puis vire de façon sévère. Les champs à côté épousent ces dénivellations. C'est non loin qu'un jour le tracteur de mon père s'est renversé : il a juste eu le temps de sauter du véhicule pour éviter de se faire écraser.

La remontée s'effectue vers l'église et le cimetière de Fel. J'ai toujours aimé ce cimetière et, le temps passant, il a ma préférence sur celui de Chambois qui a perdu son calme, son silence et sa sérénité avec l'implantation d'une zone pavillonnaire guère avenante flanquée d'un parking sur lequel se trouve souvent garé un immense camion. On peut rêver d'une éternité moins troublée.

Je pousse la porte de ce cimetière oublié. Pas de fleurs fraîches, pas de traces de tombes chéries, au contraire : des concessions effondrées à racheter, des croix tombées, de petites tombes d'enfant oubliées, des monuments funéraires démantibulés, ici ou là des bouts d'os remontés à la surface. En marchant dans ce dortoir de défunts, je reconnais des noms, des visages me reviennent – le maire, le poissonnier, un agriculteur, une jeune fille qui avait à peu près mon âge, ses parents, d'autres encore. Des offrandes touchantes : des plaques avec des gravures d'un paysan au labour, des vers de mirliton sur le chant des alouettes, des promesses de ne pas oublier démenties par l'état de la tombe, des choses que l'on dit en les pensant quand on les dit et qu'on ne pense plus le temps passant mais qui sont gravées dans le marbre. La comédie humaine.

Les cloches de Chambois sonnent. Fel donne toujours l'heure avec du retard sur le village voisin... Je me dis que c'est dans ce cimetière que j'aimerais être enterré : avec du silence et du calme, de la paix et de la sérénité, sans la proximité des voitures et des camions, des barbecues et des apéritifs sur la pelouse – comme c'est le cas à Chambois...

Je sors du cimetière, referme la porte et me sens serein. À l'ombre de ce clocher d'une église désaffectée qui sonne tout de même les heures, même en retard, la mort paraît plus facile à imaginer – même si je sais que ce souci de la sépulture est une affaire de vivant.

Finalement, le but de cette balade que je voulais refaire depuis longtemps sans savoir ce qui, en moi, m'y portait, m'y contraignait même, c'est probablement le rendez-vous avec ce cimetière dont je sais désormais que j'y reposerais volontiers. La nuit venue, mon fantôme retournerait dans la garenne pour y trouver un tronc d'arbre sur lequel je regarderais la lune en compagnie des souvenirs qui dansent encore dans les bois et sont visibles et audibles à ceux qui ont gardé en eux leur âme d'enfant. Dès la naissance de l'aube, je retournerais dans ma tombe jusqu'au soir – et ce l'éternité durant...

Cette pensée est douce, mais l'athée matérialiste que je suis sait qu'elle est fausse et consolante de mon vivant. La mort n'est que l'idée qu'on en a ; dès lors, tâchons, de notre vivant, de l'apprivoiser comme un « sommeil éternel » – c'est l'expression qu'eut mon père quand nous étions tous les deux à la morgue devant le corps mort de son frère plus jeune que lui de quelques années. C'était une formule de Joseph Fouché pendant la Révolution française...

18

On peut rentrer à Chambois de deux manières : soit en passant près du fameux château d'eau du Front populaire en prenant ensuite la route goudronnée qui passe par le Haut-Fel et ses maisons en contrepoint à celles de la sortie de Chambois – elles ont été fabriquées avec les mêmes matériaux, dans les mêmes circonstances, pour les mêmes occasions et ont été elles aussi customisées par leurs propriétaires successifs.

Je vais voir le château d'eau, je pousse plus loin au Logis pour voir la petite cave où mon père garait sa mobylette. Tout est fermé, clôturé. Trois chiens qui m'aperçoivent hurlent, courent vers moi, sautent sur le grillage. Un homme les suit, je le salue, il ne me répond pas. Je longe le Logis puis fais marche arrière. Le malpoli tient deux chevaux à la longe et repart vers un autre bâtiment. Je passe à nouveau sous le château d'eau, je rejoins le cimetière et j'emprunte la seconde voie : elle est notée sur les cartes « Le Cruquait ». Elle a l'avantage sur l'autre qu'on n'est pas sur une route avec des voitures plus ou moins agressives mais dans un chemin de campagne.

C'est dans ce chemin que je vis mon premier orvet : un reptile qui tient du serpent mais qui est un lézard apode sans qu'on sache s'il a une tête ou une queue, qui a le corps argenté, qui est épais comme un doigt, long d'une vingtaine de centimètres. Son passage vif avait été comme celui d'un trait de lumière à peine entrevu…

J'avise un jardin qui fut potager dans lequel j'avais donné rendez-vous à une jolie jeune fille quand j'avais une quinzaine d'années. Son père cultivait ce petit lopin loin du village et il ne venait à l'idée de personne alors de voler les légumes cultivés par un brave homme. L'herbe folle a rempli le carré de terre. Il reste un vieux bidon de métal crevé par le temps. Une maison derrière est en ruine, mais pas plus qu'en mes jeunes années.

Je retourne vers le présent. Un banc pourri a été installé pour les vieux. Je m'y assois. Je songe à ceux qui me paraissaient très âgés quand j'étais ce petit garçon et me dis qu'ils avaient peut-être moins que mon âge aujourd'hui. À l'époque, on vieillissait plus vite, plus tôt. Le veuvage drapait de noir pour le restant de la vie. Les cheveux blancs restaient blancs. Le poids des ans, la dureté d'une vie de labeur, la brièveté des existences, tout cela chargeait les épaules, voûtait les corps et pliait les âmes.

On quitte le chemin par un petit raidillon. Entre ce banc de fortune, une planche posée sur deux rondins, et la sortie sur la route nationale qui entre dans le village de Fel, j'ai souvenir d'être tombé un jour sur deux ou trois têtes de serpent. Je n'ai jamais su pourquoi ce massacre : des têtes sans corps dans l'herbe et des corps sans têtes emportés pour quels étranges sabbats ? On parlait alors de sorcières qui avaient le mauvais œil. On chargeait une pauvre vieille, Tony Guénon, dont on disait qu'elle avait mis des livres dans le cercueil de son mari et qu'on l'avait vue parfois chevaucher la tombe de son défunt... Mon père allait laver ses tonneaux, dont certains dans lesquels il entrait : elle fermait toutes les portes à clé derrière elle, mais mon père me fit savoir qu'il ne fallait pas croire aux sorcières... J'ai suivi ses conseils.

19

À ma gauche, entre Fel que je quitte et Chambois dans lequel je m'apprête à entrer, la rue du Général-Sarrail Perpendiculaire à la rue principale, elle marque presque une frontière invisible entre les deux villages. Elle porte le nom d'un militaire dont tout le monde a oublié qui il était. Mais, dans les années 30 du siècle dernier, une antédiluvienne municipalité radical-socialiste a voulu honorer ce franc-maçon en donnant son nom à cette rue qui est bien plutôt un chemin. Jadis, un bief séparait matériellement Chambois la Conservatrice de Fel la Rouge ! C'était comme un cordon sanitaire entre le village des calotins et celui des bouffeurs de curés... Ce cours d'eau est à sec et seuls ceux qui ont su un jour qu'il existait peuvent encore en deviner le tracé qui creuse aujourd'hui un vague fossé. Les deux communes ont à leur tête deux élus de droite, mais comme on l'est en campagne : sans le dire tout en le disant sans vraiment le dire... C'est à mon père que je dois de savoir qu'il y eut là ce bief. Je ne l'ai pas connu en eau, sauf parfois lors des fortes pluies d'automne.

Ce chemin conduit à une ferme dans laquelle mon père a été employé. C'est celle de la famille de l'homme dont j'ai raconté l'enterrement. Il y avait tout au bout de cette allée une magnifique maison du XIXe siècle que nous nommions le « château de la Baronne ». C'était un endroit extravagant, très romanesque, puisque la baronne Picolet d'Hermillion qui y vivait, et pour laquelle mon père avait la douce et tendre déférence d'un serf à l'endroit de son seigneur, avait, sans crier gare, quitté son domicile après que les soldats nazis eurent réquisitionné sa demeure. La soldatesque nazie y avait installé l'électricité, sauf dans ce qui lui avait été concédé, parce qu'elle ne voulait pas devoir aux occupants une électricité qui n'aurait pas été digne. Pour accéder à son château, elle devait emprunter ce fameux chemin. À quelque cinquante mètres on tombait sur deux gros piliers qui avaient soutenu une grande grille. Les nazis y ayant installé le drapeau à croix gammée, elle stoppa, fit marche arrière et, pour éviter de passer sous une pareille offense, elle effectua un large détour dans la campagne afin d'entrer dans sa propriété par un autre petit chemin, sans avoir à subir l'outrage... Ce fort tempérament a donc un jour abandonné tel quel son château pour rejoindre son domicile parisien. Or ce château a été forcé, ouvert, pillé, on s'en doute, mais pas méthodiquement : aujourd'hui, il serait nettoyé en deux temps trois mouvements. Les fenêtres ont d'abord été cassées au rez-de-chaussée, puis quelques objets ont été volés – par quelques-uns dont je connais le nom... La végétation a envahi le parc, la magnifique serre a été vandalisée, la maison disparaissait sous la verdure. C'était une jungle. Enfants, nous y entrions par une fenêtre avec stupéfaction : les meubles, les tapis, la vaisselle, les vêtements, les livres, les tableaux, tout était resté en place. On attendait la venue de la maîtresse des lieux, mais c'étaient des oiseaux qui s'envolaient parce qu'ils avaient fait leurs nids dans les appartements. Mes parents et moi vivions dans deux pièces de dix-sept mètres carrés ; je découvrais ce qu'était une bâtisse avec des pièces partout. Nous n'avions pas de salle de bains, de douche, ou de toilettes dans la maison ; j'apprenais qu'il pouvait y avoir de magnifiques baignoires, des pièces d'eau joliment carrelées. Nous manquions d'espace ; je constatais qu'on pouvait n'en pas manquer. Il n'y a jamais eu de jalousie sociale chez mon père, il m'a transmis cette idée positive que, si la baronne était à envier un tant soit peu, c'était pour ses vertus : sa droiture, sa rectitude, sa probité, sa fermeté, son assurance. À la maison, les nobles n'étaient pas des ennemis de classe, mais des personnes de devoir tenus par le vieil adage : « Noblesse oblige ». Au contact de mon père, j'ai appris également que la noblesse n'avait rien à voir avec le sang bleu. Il y a de nobles manants et de pitoyables aristocrates, mais aussi de pitoyables manants et de nobles aristocrates.

Et puis, entre ce château et l'entrée de la rue du Général-Sarrail, il existe une toute petite maison qui fut celle de mon éveil intellectuel. C'est le contraire du château... Mademoiselle Hays, dont j'ai longtemps pensé qu'elle avait été bonne de curé, avant de découvrir un jour qu'elle avait été gouvernante dans une famille riche, tenait une petite école libre moyennant quelques pièces. La pauvreté de mes parents était incompatible avec un coût élevé. Mademoiselle Hays était tout de noir vêtue, avec les cheveux retenus en chignon sur la nuque dans une résille. Elle portait des lunettes de la sécurité sociale. Elle apprenait aux cinq ou six enfants dont elle avait la charge à lire, écrire, compter, mais aussi à prier... Elle enseignait en effet l'histoire sainte et, bien avant le catéchisme, je connaissais tous les protagonistes de la fable chrétienne. Lors du Carême, elle nous distribuait des bonbons que nous lui rendions pour faire pénitence... À Noël, j'ai encore le souvenir de l'odeur des bougies éteintes de la crèche, du filet bleu-gris de leur fumée qui montait et parfumait la petite maison. Quelques institutrices, dont l'une qui fut un temps la mienne et qui était une communiste pure et dure, ont intrigué pour qu'elle ne puisse plus gagner sa vie avec cette petite école – la lutte des classes... Avec elle, lors des balades quotidiennes, nous apprenions le nom des fleurs et des arbres, des animaux et des pierres, ce que signifiaient les panneaux de circulation routière. Nous faisions des bouquets de saison pour les ramener à nos mères : les primevères que nous nommions « coucous » et les jonquilles du printemps, les violettes de l'automne, les marguerites et les boutons-d'or, les « jaunets », nous laissions le mouron des oiseaux ou les pissenlits. Pour la jeune garde des institutrices formatées à la pédagogie moderne, autrement dit à la méthode globale et aux mathématiques modernes, elle était le diable... Je ne crois pas, pour ma part, avoir à m'en plaindre avec plus d'un demi-siècle de recul...

Il y avait, au pied de la maison, à côté de l'escalier qui y conduisait, une grosse pierre carrée sur laquelle on pouvait être mis à genoux en cas de punition. Je n'ai pas souvenir que ce fut un pilori. En traversant le chemin, il y avait un talus sur lequel était construit un mur. Ce mur avait été monté en deux temps, il y avait donc comme une plate-forme avec le décalage des pierres : nous y posions nos bouquets de fleurs. Les garçons y faisaient pipi en tâchant de ne pas s'en mettre partout, pendant que les filles avaient droit aux toilettes dans la maison. Aucun dispositif n'était prévu pour un tiers sexe...

20

Ce chemin est à quelques mètres de ma maison qui se trouve à mi-chemin de celle de mes parents, ma mère aujourd'hui, et de cette première petite école. J'ai souvenir de trajets entre ces deux lieux sous la pluie et dans la chaleur du soleil, marchant sur la neige qui craquait ou glissant sur les feuilles de l'automne, dans la clarté d'un printemps doux ou la rigueur d'un hiver blanc, avec une capuche en laine grenat ou en culotte courte les mollets grillés par le soleil, sous un poncho en plastique jaune ou avec des moufles en laine.

Je rentre chez moi, je grimpe à l'étage, je mets du bois dans la cheminée, j'allume un feu, je le regarde démarrer. Il craque et crépite, il fume et pétille. Je n'ai pas oublié cet enfant que je fus ; et l'enfant que je fus n'a pas oublié l'adulte que je suis. Ce qui lie l'un à l'autre ? Le chemin de la Garenne.

Œuvres de Michel Onfray (suite)

L'ARCHIPEL DES COMÈTES, Grasset, 2001

ANTIMANUEL DE PHILOSOPHIE. LEÇONS SOCRATIQUES ET ALTERNATIVES, Bréal, 2001

ESTHÉTIQUE DU PÔLE NORD. STÈLES HYPERBORÉENNES, Grasset, 2002

L'INVENTION DU PLAISIR. FRAGMENTS CYRÉNAÏQUES, LGF, 2002

PHYSIOLOGIE DE GEORGES PALANTE. POUR UN NIETZSCHÉISME DE GAUCHE, Grasset, 2002

CÉLÉBRATION DU GÉNIE COLÉRIQUE. TOMBEAU DE PIERRE BOURDIEU, Galilée, 2002

SPLENDEUR DE LA CATASTROPHE. LA PEINTURE DE VLADIMIR VELIČKOVIĆ, Galilée, 2002

LES ICÔNES PAÏENNES. VARIATIONS SUR ERNEST PIGNON-ERNEST, Galilée, 2003

ARCHÉOLOGIE DU PRÉSENT. MANIFESTE POUR UNE ESTHÉTIQUE CYNIQUE, Adam Biro / Grasset, 2003

FÉERIES ANATOMIQUES. GÉNÉALOGIE DU CORPS FAUSTIEN, Grasset, 2003

EXERCICES ANARCHISTES, Galilée, 2004

ÉPIPHANIES DE LA SÉPARATION. LA PEINTURE DE GILLES AILLAUD, Galilée, 2004

LA COMMUNAUTÉ PHILOSOPHIQUE. MANIFESTE POUR L'UNIVERSITÉ POPULAIRE, Galilée, 2004

TRAITÉ D'ATHÉOLOGIE. PHYSIQUE DE LA MÉTAPHYSIQUE, Grasset, 2005

OXYMORIQUES. LES PHOTOGRAPHIES DE BETTINA RHEIMS, Jannink, 2005

LES SAGESSES ANTIQUES, Grasset, 2006

LE CHRISTIANISME HÉDONISTE, Grasset, 2006

TRACES DE FEUX FURIEUX, Galilée, 2006

SUITE À LA COMMUNAUTÉ PHILOSOPHIQUE. UNE MACHINE À PORTER LA VOIX, Galilée, 2006

LA PUISSANCE D'EXISTER. MANIFESTE HÉDONISTE, Grasset, 2006

LA SAGESSE TRAGIQUE. DU BON USAGE DE NIETZSCHE, LGF, 2006

LES LIBERTINS BAROQUES, Grasset, 2007

LES ULTRAS DES LUMIÈRES, Grasset, 2007

FIXER DES VERTIGES : LES PHOTOGRAPHIES DE WILLY RONIS, Galilée, 2007

LA PENSÉE DE MIDI. ARCHÉOLOGIE D'UNE GAUCHE LIBERTAIRE, Galilée, 2007

THÉORIE DU VOYAGE. POÉTIQUE DE LA GÉOGRAPHIE, LGF, 2007

LA LUEUR DES ORAGES DÉSIRÉS, Grasset, 2007

L'INNOCENCE DU DEVENIR. LA VIE DE FRÉDÉRIC NIETZSCHE, Galilée, 2008

LE SONGE D'EICHMANN, précédé d'UN KANTIEN CHEZ LES NAZIS, Galilée, 2008

L'EUDÉMONISME SOCIAL, Grasset, 2008

LE CHIFFRE DE LA PEINTURE. L'ŒUVRE DE VALERIO ADAMI, Galilée, 2008

LE SOUCI DES PLAISIRS. CONSTRUCTION D'UNE ÉROTIQUE SOLAIRE, Flammarion, 2008

LES BÛCHERS DE BÉNARÈS. COSMOS, ÉROS ET THANATOS, Galilée, 2008

LA VITESSE DES SIMULACRES. LES SCULPTURES DE POLLÈS, Galilée, 2008

LES RADICALITÉS EXISTENTIELLES, Grasset, 2009

LA RELIGION DU POIGNARD. ÉLOGE DE CHARLOTTE CORDAY, Galilée, 2009

L'APICULTEUR ET LES INDIENS. LA PEINTURE DE GÉRARD GAROUSTE, Galilée, 2009

LE RECOURS AUX FORÊTS. LA TENTATION DE DÉMOCRITE, Galilée, 2009

PHILOSOPHER COMME UN CHIEN, Galilée, 2010

LE CRÉPUSCULE D'UNE IDOLE. L'AFFABULATION FREUDIENNE, Grasset, 2010

APOSTILLE AU CRÉPUSCULE. POUR UNE PSYCHANALYSE NON FREUDIENNE, Grasset, 2010

MANIFESTE HÉDONISTE, Autrement, 2011

LA CONSTRUCTION DU SURHOMME, Grasset, 2011

L'ORDRE LIBERTAIRE. LA VIE PHILOSOPHIQUE D'ALBERT CAMUS, Flammarion, 2012

LA SAGESSE DES ABEILLES. PREMIÈRE LEÇON DE DÉMOCRITE, Galilée, 2012

VIES ET MORT D'UN DANDY. CONSTRUCTION D'UN MYTHE, Galilée, 2012

RENDRE LA RAISON POPULAIRE. UNIVERSITÉ POPULAIRE, MODE D'EMPLOI, Autrement, 2012

LE POSTANARCHISME EXPLIQUÉ À MA GRAND-MÈRE. LE PRINCIPE DE GULLIVER, Galilée, 2012

LE CANARI DU NAZI. ESSAIS SUR LA MONSTRUOSITÉ, collectif, Autrement, 2013

LES FREUDIENS HÉRÉTIQUES, Grasset, 2013

LES CONSCIENCES RÉFRACTAIRES, Grasset, 2013

LA RAISON DES SORTILÈGES. ENTRETIENS SUR LA MUSIQUE, Autrement, 2013

UN REQUIEM ATHÉE, Galilée, 2013

LA CONSTELLATION DE LA BALEINE. LE SONGE DE DÉMOCRITE, Galilée, 2013

LE MAGNÉTISME DES SOLSTICES, Flammarion, 2013

TRANSE EST CONNAISSANCE. UN CHAMANE NOMMÉ COMBAS, Flammarion, 2014

LE RÉEL N'A PAS EU LIEU. LE PRINCIPE DE DON QUICHOTTE, Autrement, 2014

LA PASSION DE LA MÉCHANCETÉ. SUR UN PRÉTENDU DIVIN MARQUIS, Autrement, 2014

BESTIAIRE NIETZSCHÉEN. LES ANIMAUX PHILOSOPHIQUES, Galilée, 2014

AVANT LE SILENCE. HAÏKUS D'UNE ANNÉE, Galilée, 2014

COSMOS. UNE ONTOLOGIE MATÉRIALISTE, Flammarion, 2015

LES PETITS SERPENTS. AVANT LE SILENCE, II, Galilée, 2015

HAUTE ÉCOLE. BRÈVE HISTOIRE DU CHEVAL PHILOSOPHIQUE, Flammarion, 2015

PENSER L'ISLAM, Grasset, 2016

LE MIROIR AUX ALOUETTES. PRINCIPES D'ATHÉISME SOCIAL, Plon, 2016

LA FORCE DU SEXE FAIBLE. CONTRE-HISTOIRE DE LA RÉVOLUTION FRANÇAISE, Autrement, 2016

L'ÉCLIPSE DE L'ÉCLIPSE. AVANT LE SILENCE, III, Galilée, 2016

FÉERIES SÉTOISES. GÉOGRAPHIE SENTIMENTALE, Dans la boîte – L'Échappée belle, 2016

DÉCADENCE. VIE ET MORT DU JUDÉO-CHRISTIANISME, Flammarion, 2017

DÉCOLONISER LES PROVINCES. CONTRIBUTION AUX PRÉSIDENTIELLES, L'Observatoire, 2017

LA PAROLE AU PEUPLE, L'Aube, 2017

LA COUR DES MIRACLES. CARNETS DE PROVINCE, L'Observatoire, 2017

VIVRE UNE VIE PHILOSOPHIQUE. THOREAU LE SAUVAGE, Le Passeur, 2017

MIROIR DU NIHILISME. HOUELLEBECQ ÉDUCATEUR, Galilée, 2017

TOCQUEVILLE ET LES APACHES : INDIENS, NÈGRES, OUVRIERS, ARABES ET AUTRES HORS-LA-LOI, Autrement, 2017

NAGER AVEC LES PIRANHAS. CARNET GUYANAIS, Gallimard, 2017

LE DÉSIR ULTRAMARIN. LES MARQUISES APRÈS LES MARQUISES, Gallimard, 2017

CORRESPONDANCES. Photographies de Richard Volante, Les Éditions de Juillet, 2017

SOLSTICE D'HIVER : ALAIN, LES JUIFS, HITLER ET L'OCCUPATION, Éditions de l'Observatoire, 2018

LA PENSÉE POST-NAZIE, Grasset, 2018

L'AUTRE PENSÉE 68, Grasset, 2018

ZÉRO DE CONDUITE : CARNET D'APRÈS CAMPAGNE, Éditions de l'Observatoire, 2018

LE DEUIL DE LA MÉLANCOLIE, Robert Laffont, 2018

LA CAVALIÈRE DE PÉGASE : DERNIÈRE LEÇON DE DÉMOCRITE, Galilée, 2018

LA STRICTE OBSERVANCE. AVEC RANCÉ À LA TRAPPE, Gallimard, 2018

LA PENSÉE QUI PREND FEU. ARTAUD LE TARAHUMARA, Gallimard, 2018

SAGESSE : SAVOIR VIVRE AU PIED D'UN VOLCAN, Albin Michel, 2019

LA DALLE ROUGE, Le Lombard, 2019

LA DANSE DES SIMULACRES : UNE PHILOSOPHIE DU GOÛT, Robert Laffont, 2019

THÉORIE DE LA DICTATURE, Robert Laffont, 2019

LES AVALANCHES DE SILS-MARIA. GÉOLOGIE DE FRÉDÉRIC NIETZSCHE, Gallimard, 2019

Composition : Entrelignes (64)
Achevé d'imprimer par Normandie Roto Impression s.a.s.
61250 à Lonrai en octobre 2019.
Dépôt légal : octobre 2019.
Numéro d'imprimeur : 1904722

ISBN : 978-2-07-287210-5 / Imprimé en France.

360068